恐い食べ物

事故物件住みます芸人
松原タニシ

二見書房

はじめに

事故物件にばかり住んでいると、人が死んだ場所で生活するというのは当たり前になってきます。

そうなると「場所が怖い」はなくなります。

「死が怖い」も、なくなりはしないけど、人は死ぬんだなということは理解できるようになり、死んだ事実に対する恐怖は薄れていきます。

今回「恐い食べ物」をテーマにたくさんの人にお話を聞きました。

僕自身もあれやこれやと考えました。

「食べる」と「怖い」。

食べ物から見えるものは人間の営みです。

地域や文化によって食べられるものは違うし、怖いものも違う。

さらに個人になるとまた違う。


どうしてそれを怖いと思うのか。

そこに「生きる」ということの秘密があるかもしれません。

人間は生きている限り食べ物からは逃れられないのだから。


ここに載っているのは数ある食べ物の中で僕自身が「怖いかもしれない」と思ったほんの一部です。

そこから何が見えるのか。

恐い食べ物から浮かぶあちら側の世界をどうぞのぞき見てください。

恐い食べ物　目次

土

二〇二二年九月に一ヶ月限定で新たに事故物件を借りた。

数えると十六軒目になる。

もう十年も転々と事故物件ばかり住んでいるので、もはや人が亡くなっているだけでは驚かない。

それでもこの部屋を借りた理由は、「人が死んだ」そのままの状態だったからだ。

商店街を抜けた路地にある二階建ての元飲食店を一軒まるごと住居にした物件。

前住人の男性は白骨化した状態で発見された。

発見したのは大阪で居住支援のＮＰＯ法人で活動するＳさんだ。

Ｓさんは十年前に、身寄りのなかった男性から居住支援の相談を受け、この部屋を紹介した。当時三十歳の恰幅のいい男性だった。

八年が経ち、物件の大家から家賃が払われていないことの相談を受けた。

Sさんは男性を訪ねたが留守だったので、「大家に連絡を入れるように」と書いた手紙をドアのすき間に挟み、大家には「それでも家賃が払われなければまた教えてください」と伝えた。

それから二年後、大家から再び連絡があった。

「実はあれから二年間まだ一度も家賃払われてないんだよね」

Sさんは「夜逃げした可能性が高い」と思い、大家から鍵を借りて男性の部屋へ上がり込んだ。

部屋の中はゴミ屋敷のように散らかっており、男性の姿はどこにもなかった。

ホラー映画のフィギュアやガイコツの置物がひしめく二階の部屋の片隅に、人体骨格模型が寝転がっているのを見つけた。

やけにリアルだなぁ、と思った瞬間、

「あ、違う、これ本物だ」

すぐさま警察に通報した。

現場検証が行われたあと、遺体は回収され、部屋には大量の遺留品が残された。原状回復はとても困難な状態であり、Ｓさんが責任を持って大家から物件を買い取った。いずれリフォームして住居か店舗として活用するつもりだが、それまでの間なら貸せますよということで、僕が一ヶ月だけ借りることになった。


自殺、殺人、孤独死、事故死……いろんな事故物件に今まで住んできたけれど、多くはリフォームされたあとの部屋だった。リフォームせずに借りた部屋も何軒かあったが、残置物が残されたままの状態は初めてだ。

いったい何が起きるだろう。何を感じるのだろう。

僕は初めて、そこで死んだ人の、死ぬまでの生きた形跡を目の当たりにする。


玄関のドアを開けると、まず請求書や郵便物が床に散乱していた。電気は通ってないので懐中電灯を照らすと、壁には古着や革ジャンが掛けられ、奇妙な絵も飾られていた。部屋に入ると天井から逆さ向きに壁を這うオオトカゲのはく製が出迎え、足元は衣類と本と食料品で踏み場がない。

本棚には漫画とサブカル雑誌と頭蓋骨の模型と何かのホルマリン漬けの瓶とグロテスクなフィギュアが並び、壁には額縁に入ったコウモリやサソリやオオムカデやタランチュラの標本が飾られている。なかなかの個性的な趣味をお持ちの住人だ。

冷蔵庫と本棚の間には小さなテーブルがあり、その上に男性の免許証があった。

一九八二年生まれ、僕と同い年だった。

彼はいったいどんな生活をしていたのだろう。

食料は多少のカップ麺が封を切らずに床に落ちていたが、食べ物のゴミは意外と少ない。しかし冷蔵庫を開けると強烈なカビ臭さが部屋に充満し、中には袋詰めした何かが押し込められ、その周りに無数の小さな虫やその死骸がへばりついていた。

トイレは漫画や雑誌が侵食し、便器はひどく黒ずんでいたが、使っていた形跡はある。しかし風呂場には使い終わったT字カミソリと歯ブラシが浴槽の中に大量に捨てられ、浴槽を使っていた形跡がない。洗面所の鏡の前にはなぜかサザエの殻が並べられていた。

階段にはネズミの糞や虫の死骸が見受けられた。

二階に上がると、使われなくなった納屋や廃墟のような独特のにおいが香り、残置物はさらにすごい。部屋の四方の壁に本棚がほぼすき間なく設置され、楳図かずお、伊藤潤二、永井豪、諸星大二郎などの漫画がギッシリと並ぶ。『ゴーストバスターズ』に登場する食いしん坊の緑のオバケやエイリアンなどのフィギュアもたくさんあって、かなりのホラー好きだったことがうかがえる。

床は一階と同じく漫画と衣類で埋め尽くされ、鋲のついたランドセルやイタチのはく製、シカの頭蓋骨などが転がり、ベランダの奥にはラスボスのように鎮座するシャレコウベが部屋の中をのぞいている。

そのベランダへとつながる部屋の一角に、人型サイズの土が敷かれていた。

そこは男性が亡くなっていた場所だった。

男性はシャレコウベに見守られながら髑髏《どくろ》になっていたのだ。

しかしなぜここに土があるんだろう。警察が遺体を回収したあと、臭いを消すために土を被せた？　いや、そんな話は聞いたことがない。

以前、特殊清掃のアルバイトを体験した時に清掃員に聞いたことがある。

警察は遺体をすべて回収するわけではない。〝持っていける〟遺体だけを回収するのだ。床に頭皮ごとへばりついた髪の毛や、浴槽でスープになった液体は回収せず、それらの処理は特殊清掃員が行う。

今回の物件は特殊清掃も入っていない。警察が遺体を回収したあとの、一切何も手をつけていないそのままの状態だ。

おそらく男性は家賃を滞納した二年前の時点で亡くなっていたのだろう。二年経って遺体が発見された時には骨のみの状態になっていた。だから警察が回収した遺体は骨だ。

では骨以外はどこへ消えた？

あ、もしかしてこの土が骨以外かも。

男性の遺体は、ネズミやウジやゴキブリに食べられ、さらにその糞をバクテリアが分解し、二年の歳月を経て土になったのでは。

彼は、人間から土になったのだ。

僕らは死んだものを食べて生きている。人間もまた死んだら食べられるのだ。

そして排泄され、分解され、土となり、栄養となる。

今でこそ死んだら火葬されて灰になるが、自然の中で死んでしまえば別の生き物の栄養になる。自分たちがそうしているように。

食べるって何だ。食べられるって何だ。

突然わいた疑問を抱きながら、僕は土を回収した。

ピザ

特殊清掃会社で働くフワさんに、孤独死の部屋でよく見かける食べ物について聞いてみた。

あくまでフワさんが担当した現場の話ではあるが、まず孤独死かつゴミ屋敷の場合、買ったものの空箱と、コンロのガスボンベが大量に残されていることがよくあるという。

食べ物のゴミでいうと、男性は完食しているゴミが多いので意外と虫が少なかったりするが（遺体にわいた虫は別として）、そのかわり尿が入ったペットボトルやティッシュの山があったりする。

実は男性より女性の方が食べ残しのゴミが多い。食べ残しがあると虫がわくため、とてもきつい。

中でもよく見かけるのが、パック寿司とピザだそうだ。

生活すること自体が億劫になるのであろう死ぬ間際、箸を使わずに手づかみでいける、考えられる限りのぜいたくが、寿司かピザになるのだろうか。


ピザといえばこんな話もある。

大阪の寝屋川市にあるピザ屋で働いていたAさんは、夕方に調理場でピザ生地を練っていた。

普段は気にしていなかったが、その日は背後から聞こえる音が妙に気になった。

〝カチカチカチカチ……〟

シャーペンの芯を出す時のようなカチカチ音。

そういえばこの音、いつも鳴っているな。

冷蔵庫の音でもないし、いったい何の音なんだろう、と思って後ろを振り返ると、業務用の冷蔵庫と棚のわずか数センチのすき間に、身長一八〇センチほどの大きな女の影がサッと入っていくのが見えた。

Aさんは何かの間違いかとも思ったが、女がすき間に入った途端にカチカチ音は止まった。

その後も何度か同じ現象があり、Aさんは店長に報告した。

「また出たか。みんなに言わんといてな、バイト辞めるから」

店長はそれ以上、何も言わずに店の業務を続けた。

ラーメン

豚骨ラーメン屋は早死にする、らしい。

それは豚に呪われているというわけではない。

大阪で評判のラーメン屋の大将が言うには、単純にスープを煮込むのに最低十時間はかかるので、営業時間と仕込みの時間を考えると睡眠時間が四時間もとれない。その生活が年中続くと、睡眠不足と過労が蓄積される。特に行列ができるくらい人気の豚骨ラーメン屋の店主は、六十歳前後で死ぬ人が多いそうだ。

僕は二十代から三十代にかけてラーメン屋でアルバイトをしていた。

行列ができるほどではないが、ピーク時には立ち食いの客が店外にあふれるほど、大阪では名の知れた豚骨醤油の有名店だ。

店にはさまざまな客がやってくる。

深夜一時に券売機の前で厨房の僕を見ながらブツブツつぶやくお婆さんがいた。

「……………」

何を言っているのだろうと耳を澄ますと、三つの数字を連呼していた。

「……の……んの……じゅう……」

「……三の……んの……じゅうろ……」

「……三の、四の、十六」

しばらく聞いていると数字の前に地名がくっついた。

「上本町三の四の十六」

それは僕の住所だった。

僕は彼女のことを「数字ババア」と名付けた。

*

早朝六時には原付バイクに乗ったおじさんがやってくる。その音が聞こえるとすぐに米を炊かなければならない。なぜならおじさんはラーメンではなく、食べ放題のご飯しか食べないからだ。購入した食券をカウンターに置くと、真っ先にセルフサービスの炊飯器へ向かい、発泡スチロールのカップにありったけの米を盛る。小さな器には入る量も限られているため、できるだけ高く盛る。三〇センチほどの高さに盛られたカップは六つも七つも連なり、まるで富士の風穴で見た地面から生える鍾乳石のようだ。

おじさんは空になった釜を持って厨房の入口に立つ。それを合図に僕らは予備で炊いていた米を入れ替える。そしてまたカップに米を盛り、替えたばかりの炊飯器も一瞬で取り尽くし、テーブルに鍾乳石を並べてようやく席につく。僕らは次の客が来ないかとヒヤヒヤしながら次の米が炊き上がるのを待つのである。

十分も経たないうちにおじさんは米をペロリとたいらげ、ラーメンにはまったく口をつけずに帰っていく。

僕らは彼のことを「山盛りオヤジ」と呼ぶ。

＊

どのタイミングで来るのかわからないのが「ハサミジジイ」だ。彼は庭師が付けているような、たくさんの道具が収納できる腰ベルトを装着し、その一つひとつに多種多様なハサミを挿し込んでいる。

まず店に入るなり、潔癖症なのかテーブルにティッシュを敷き詰める。そしてラーメンをその上に置くと、店にある箸ではなくベルトのポケットに挿したハサミを取り出し、その〝マイバサミ〟で麺をすするのだ。あきらかに食べにくそうである。

完食したあとは片付けずに帰っていく。店にあるものを極力触りたくないのだろうか。テーブルを片付けに行くと、ティッシュには赤い斑点がポツポツとついている。

血痕だ。

お爺さん、おそらくハサミで口を切ってしまっている。彼は今頃「口裂けジジイ」としてどこかで都市伝説化しているかもしれない。

＊

一時期、僕はラーメン屋のアルバイトを二軒掛け持ちしていた。

そのうちの一軒が和歌山ラーメンの店で、深夜から明け方まで働いて客は一人か二人しか来ない寂しい店だった。

ここでは「くのもんぞう」に会った。

彼はチャーシューメンを三時間くらいかけて食べていた。その間、他に客は誰も来ず、僕は彼の話を三時間聞かされた。その内容は、自分は東大に行けなかったが兄弟は東大と京大に行っていて、学歴は自分より高いかもしれないが頭は良くない、という話だった。あと孔子の論語について語っていたと思う。あまり記憶は定かではない。

明け方、やっとチャーシューメンを食べ終えてくれた彼は、僕になぜかマグネット付きの懐中電灯をくれた。

「兄ちゃん、ちゃんと最後まで話聞いてくれたな。今まで無視したり、途中で話さえぎった奴らは三人死んだわ。一人は山でスリップして事故に遭って、一人はがんで、一人はたまたま殺されてたな。また聞きたいことあったらここに連絡したらええわ」

そう言って渡された紙には「へのへのもへじ」が書かれていた。

「これ何ですか」

「わしの名前や、『くのもんぞう』や」

確かによく見ると「へのへのもへじ」ではなく、「へのへのもへじ」のような形で「くのもんぞう」と書かれていた。

くのもんぞうは、リアカーを引きながら消えていった。

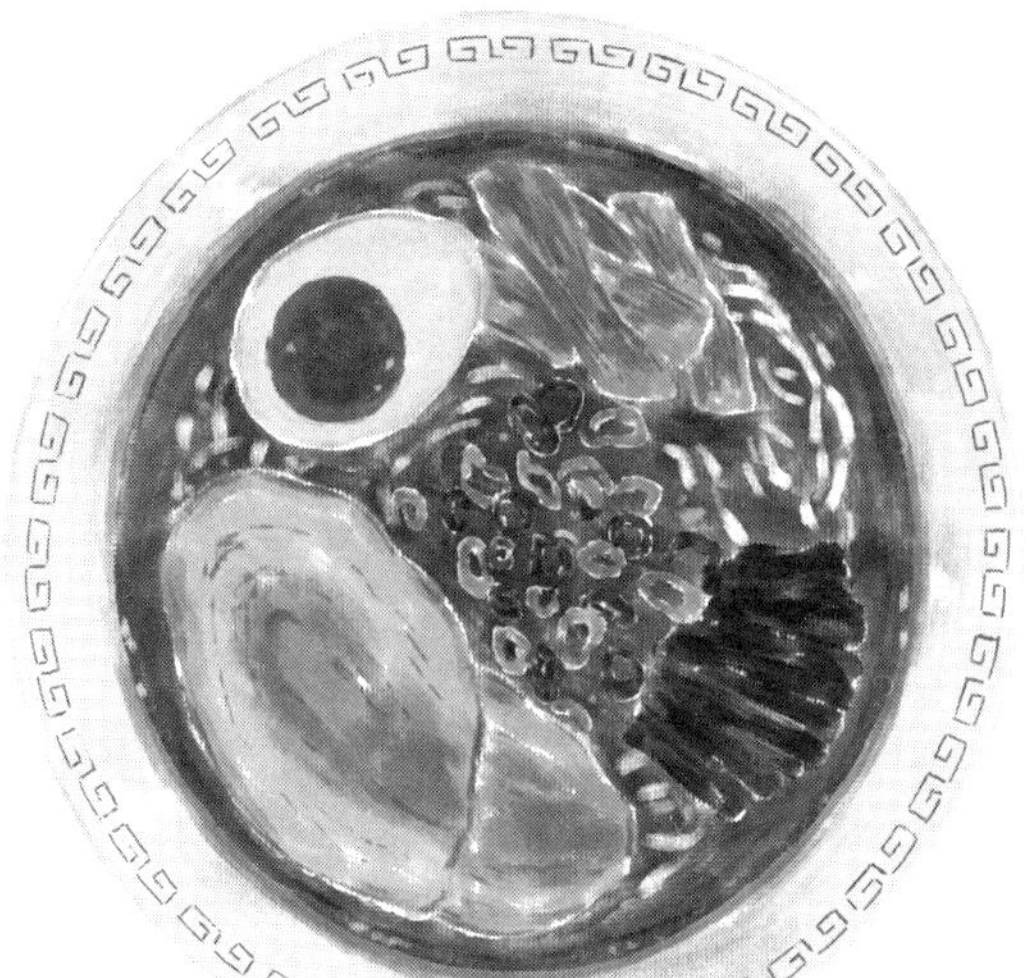

焼肉

現在、五十代の直幸さんは、若い頃にステーキハウスで働いていたが店が潰れてしまい、三十三歳で独立し、大阪で焼肉屋を開いた。

地元の駅前で店を持ちたかったが家賃が高く、駅から車で十五分ほどの場所にあった新築の店舗物件を借り、店を構えた。

店ではオープン当初から頻繁にラップ音が鳴っていた。しかし直幸さんは子供の頃からラップ音は普通に聞こえていたし、店も新築なのでただの家鳴りだろうと思っていた。

オープンして一年くらい経った頃、アルバイトのミヤくんと閉店後にラジオで野球中継を聞きながら肉を食べていると、またいつものようにラップ音が鳴った。

〝パンパンパンパン〟

「マスター、なんかパンパンパン鳴ってますよ」

ミヤくんが不安そうに直幸さんに報告する。

「こんなもん、たいしたことないわ。俺は小さい頃からラップ音なんてしょっちゅう聞いてるねんから」

ラジオに夢中の直幸さんは、それが幽霊の仕業によるものだとはまったく考えなかった。

「でもマスター、めちゃくちゃ鳴ってますよ」

確かにその日はいつもよりラップ音が多く、至るところから音が聞こえるようだった。

〝シャリリーーン！〟

突然、店の入口付近からシャンデリアが落ちたような音がした。「ドーン」でも「ガシャーン」でもなく「シャリリーーン」。

音の違和感はあったものの、何かが割れているはずなので直幸さんは厨房へホウキを探しに行った。すると厨房の窓に「まっくろくろすけ」のような影が現れ、上から下へスーッと降りていった。

「なんや今の影」

直幸さんはネズミだったら嫌だなぁと思い、黒い影の正体を突き止めるためにミヤくんと店の外に出た。入口には何も落ちたり割れたりしている形跡はない。

厨房の外側の黒い影が見えた位置に立つと、特に変わった様子はなかった。

「なんもおらへんなぁ」

そうつぶやいてミヤくんの顔を見ると、ミヤくんはその場で白目をむいて痙攣していた。

「どうしたんや！　ミヤ！」

「鈴の音、鈴の音が近づいてくる……」

「何言ってんねん！　ミヤ！　あかん、おまえ呪われてる！」

直幸さんは様子がおかしくなったミヤくんをこれ以上、店にいさせるわけにはいかないと思い、店から遠ざけることにした。

ミヤくんによると、この時、自分でもよくわからない状態になっていて記憶が曖昧だったが、店から出た瞬間にスッと元に戻ったという。

一人になった直幸さんは、入口のレジ横にある店の固定電話から友達のステーキ屋の店長にすぐに連絡をした。ステーキ屋の店長は怖い話が大好物で、直幸さんとはよく怪談や不思議な話で盛り上がる間柄だ。直幸さんは今、目の前で起きた状況を店長に報告した。

「さっき、シャリリーーンって音がして、厨房の窓にまっくろくろすけが現れて、外へ見に行ったらミヤが白目むいて……」

「ほんまか！　今からそっち行くから、店そのままにしといてや！　幽霊まだおるかもしれんやろ」

「何言うてんねん、さすがに俺もそのままここにおるのは怖いわ！　こっちは今それどころじゃ……」

電話をしながら入口のドアのガラスに目をやった直幸さんは言葉を止めた。

「どうした？　なんかあったんか？　どうしたんや？」

電話越しに店長も直幸さんの異変に気づく。

その時、直幸さんにはあるものが見えていた。

それは入口のガラスに反射して映る厨房の中にいた。

今、間違いなく厨房に、白い服を着た伊東四朗みたいな顔をしたおばちゃんが立っている。

店には直幸さん一人。中に人間がいるわけがない。

「店長、俺、今、振り返ったら死ぬかもしれへん」

「なんや、何があったんや」

「厨房に幽霊がおる」

「え!?」

「大げさじゃなくて、これが俺の最後の言葉かもしれへん。それくらい今ビビってる」

「なんや、怖がらせようと思って言うてるだけちゃうんか？　またまた……」

それ以上、店長の声も聞き取れない。

どうする？　いや、どうしようもない。

この状況より怖いものはない。振り返るしかないのだ。

振り返って何もいなければそれで終わりだ。

振り返っても伊東四朗のようなおばちゃんがいたらどうする？

その時は……その時だ！　3、2、1……

〝バッ!!〟

振り返った視線の先には誰もいなかった。

怪談好きだった直幸さんは、今後しばらくは怖い話をするのも聞くのも控えようと思った。

しかしそれから三日後。大雨の夜、いつもより早く閉めた店を一人で片付けていると、厨房から赤ちゃんの鳴き声が聞こえてきた。直幸さんは何も考えないようにした。

さらに数日後、片付けを終えて店の電気をすべて消し、帰ろうとしたら、なぜかトイレの電気が再びついた。

嫌やなぁと思ったが、がんばって暗い店内を奥まで歩き、トイレの電気を消して入口の方に向かおうとした。すると暗闇の中から無数の手が伸びてきて、直幸さんは腕を掴まれ、厨房の方へ引っ張られた。

「嘘やろオイ！」

直幸さんは負けてたまるかと、必死に手を振りほどき、店の外へ駆け出した。

それ以降は気にしたら負けだと思い、とにかく気を強く持つようにして仕事をした。

以来、店では三十年間、特に変わった現象は起きていない。

いや、起こっているかもしれないが、気にしなくなった。

寿司

関西のある老舗の寿司屋では、奇妙なことが多々起きる。

店を閉めたあとの夜九時頃、四階の事務所で店長が雑務をしていると、調理場のある三階から階段を上る足音が聞こえてきた。しかし足音は途中で止まり、そのあといっこうに上ってくる気配がない。

「はぁ～」

突然、女の人の溜め息が聞こえた。

従業員は全員帰ったと思っていたが、パートさんがまだ残っていて四階までタイムカードを押しにきたのかなと思い、気になったので下に降りてみた。しかし階段には誰もおらず、三階も他の階も電気が消えていて、店には店長しか残っていなかった。

「昨日の九時頃、四階まで上がってきませんでした？」

次の日、前日の最後まで残っていたパートさんに聞いてみた。

「店長、何言ってるの？　その時間、私、三階の調理場で洗い物してたやんか」

しかし調理場の電気は確実に消えていた。時計が狂っていたのか、パートさんが時間を勘違いしているのか、いや、だとしてもその前に階段の途中で溜め息をついて止まっていた人は誰なのか。店長はわけがわからなくなった。

階段を上る足音がしているのに誰もいない現象には、他の従業員も何度も遭遇している。あと、誰もいないはずの調理場から食器を洗ったり重ねたりする音もよく聞こえるという。

四階の従業員更衣室のトイレも噂が多い。

まず、誰も使っていないのに「カチャ」と音が鳴り、勝手に鍵がかかる。

そのたびに、なぜか自宅の鍵がトイレの鍵穴と合致する従業員のIさんが呼び出され、鍵を開ける。Iさんが出勤していない日は更衣室のトイレが使えない。

ある日、若い板前とベテランの板前が更衣室で着替えていた。若い板前がトイレに近い側で着替えていたのだが、誰も入っていないトイレの扉が勝手に開いた。二人ともその様子を目撃していたが、若い板前が言葉を発さず、静かに内開きの扉を閉めに

行った。自分のロッカーの前に戻り、着替えようとすると、

〝カチャ〟

またトイレの扉が開く。若い板前は恐れながらも再び扉を閉め、また着替えようとするものの、

〝カチャ〟

トイレの扉はまた開いた。さすがに三回も同じことが続くと若い板前も呆れてしまい、今度は乱雑に扉を閉めようとした瞬間、内側からドアノブを引っ張る力がすさまじく、ドアノブを握ったまま若い板前はトイレの中に引っ張り込まれてしまった。

その様子を目の前で見ていたベテランの板前は、一目散に更衣室を飛び出して逃げていったという。

二階の座敷部屋も不可思議なことが起きる。

部屋には額に入った日本画が飾られているのだが、雨漏りもしていないのに額の内側に水が溜まっている。その下は濡れてはいない。しかし同じ部屋の額から離れた場所にある座布団の下だけがビチャビチャに濡れていた。

そしてその掃除をしたパートさんが、胃がのたうち回るくらいの激痛に突然見舞わ

れ、早退した。


去年の台風の日、店長たちは店を早々に閉めて従業員たちを家に帰し、出前に行っている従業員が帰ってくるのを一階で待っていた。

するとニ階のトイレから、女性の高らかな笑い声が聞こえてきた。

「ハハハハハハハ」

一緒に店で待機していた従業員に確認すると
「台風の音ちゃいます？　すき間から風が入ってきて笑い声に聞こえるとか」

ちょうどその時、出前に出ていた従業員が戻ってきた。外の様子を聞くと、

「嵐の前の静けさなんですかね。風は全然吹いてなかったので余裕でした」

じゃあトイレから聞こえた笑い声は何？

台風は結局その日は来なかった。

しかし次の日の朝、屋上の扉のガラスが割れていた。

何かが飛んできた形跡もない。防犯カメラにも何も映っていなかった。

不思議な現象が多い老舗の店だが、寿司はとてもおいしい。

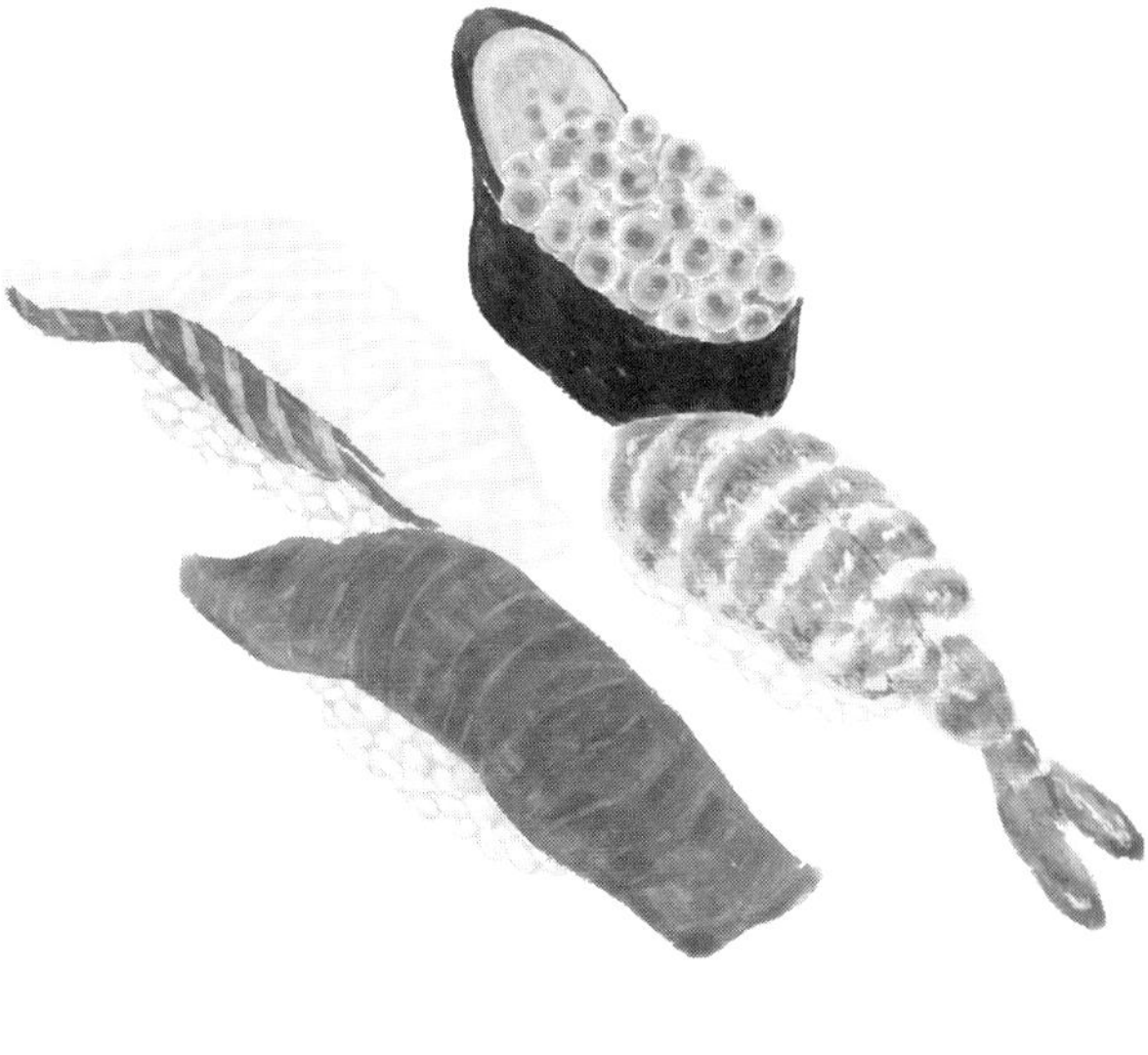

アメ

人間は何かを食べないと生きていけない。そういえば僕らは生まれた時からずっと何かを食べていた。

では、食べなければどうなるのか？

僕は自分の身体で体験するため、五泊六日の断食道場に参加した。

向かったのは静岡県浜松市にある臨済宗龍雲《りょううん》寺《じ》。ここは「やさしい断食道場」として、一日一食断食を行っている。

「人は食事をとらなければどうなるのかを知りたいから断食道場に行くのに、一日一食食べてるやん」

そう思われてしまいそうだが、いちおう二十四時間（二十三時間？）断食ということにはなるみたいだし、他の候補として毎日険しい山に登ってにんじんジュースしか飲んではいけない「日本一厳しい断食道場」とかもあったけど（それでもにんじんジュースは飲める）、健康面を考慮してのことだと思うが、そもそも完全な断食を推奨する道場は見つからなかったのだ。

龍雲寺を選んだのには理由がある。ここの断食プログラムには「住職にお悩み相談」という時間が組み込まれている。

厳しい道場だと住職にいろいろ質問するのも難しそうだと思ったし、とにかくやんわり断食っぽいものを体験しつつ、断食のプロであるお坊さんから話を直接聞いてみたかったのだ。

初日は新幹線の遅れもあって、お寺に到着したのが夕方になり、いきなり食事から始まった。地元浜松の食材を使った精進料理。

日本人は江戸時代まで肉食を禁じられていたという。仏教には「不殺生」の戒律があるため、仏教が伝えられて以降、肉食は避けるべきものと考えられてきたのだ。十世紀あたりに僧侶だけでなく民衆にも浸透したらしい。

明治になって肉食が解禁されるまで約千年以上も肉をできるだけ食べないようにし

てきた日本人は、もはや肉を消化しにくい身体であるとも言われている。

つまり植物性の食材のみで作られる精進料理は日本人に適した栄養補給なのだ。


この寺が唱える一日一食断食の利点は、生活習慣の改善にある。

人間の身体には本来、栄養が余分に蓄えられていて、定期的に飢餓状態を作ることで使われるのだが、現代人は食べ過ぎのため、予備の栄養素が使われない。そのせいで身体が予備は必要ないんだと判断し、代謝が低下してしまう。過度な断食は家に帰ったあとに支障が出る場合があるが、一日一食必要最低限の精進料理なら、ほどよい飢餓状態を作ることができるというわけだ。

お盆に今日の食事がのせられる。

ご飯、みそ汁、煮物、揚げ出し豆腐、塩昆布。

食事の前に住職が少ししゃべる。

「食べるということは殺すということです。それを、わかっているようでわかってないのが私たちですからね。殺さないと生きられないですから。動物だけじゃなくて、野菜だって殺してますから」

野菜を殺す……。

「スーパーで売ってる、みなさんが食材と呼んでいるものも、別に食材として生まれたわけではなくて、食べられるために畑で育ってるわけじゃないですから。生きてるものをね、殺してるわけだから。その実感を持たなきゃいかんなと。殺してまで生きなきゃいかんってことはその命に報いるように生きていこうと、その誓いを毎回の食事で立てられれば、ぜひね、生きるってことがどういうことなのか、そこを見ながらお食事されることが非常に大事なことで、学びになるかと思います」

*

龍雲寺の断食道場は朝六時に起床し、住職と一緒に本堂でお経を読む。

そのあと七時から涅槃堂に移動。涅槃堂には書家の金澤翔子さんが書いた世界一大きな般若心経が展示されており、その前で三十分坐禅を組む。

坐禅を終えたあとは蜂蜜入りの梅湯をいただき、住職の朝の法話が始まる。

「嫁と入れ歯は慣れれば極楽だ」

先々代の住職、つまり現住職のお祖父さんは常々そう言いながら入れ歯を口に入れていたという。これは「異物を受け入れる」という話で、昔の入れ歯は開発の進んだ現代の入れ歯のように口の中に密着しない。歯のないお祖父さんにとって明らかに異物として口の中に放り込まれるわけだが、物を食べるためにはしかたがない。住職のお祖母さんはとてもクセの強い人で、お祖父さんともいろいろあったそうだが、離婚もしにくい昔では離れようのない伴侶である。だからお祖父さんは毎日入れ歯を入れる時に誓いを立てた。今日も受け入れるぞ、と。

受け入れられないものを受け入れて過ごすことはとても難しい。

「異物」と認定して、自分とは関係ないものだと決めて切り捨てる方がよっぽど楽だ。けれど、受け入れた先に幸せや喜びがあるということをお祖父さんはどこかのタイミングで知ったのだろう。

だから、誓いを立ててまで受け入れるのだ。

これは今の自分にはまだまだ時間がかかる話だと思った。受け入れないことで守れる自分があることを信じてしまっているからだ。

朝から何かと考えさせてくれる道場だ。

法話のあとは宿舎のロビーで道場専属のトレーナーがストレッチ講座をしてくれる。このストレッチのおかげでだんだんと坐禅の時のあぐらをかく姿勢が楽になった。

ここから一日一食の晩ご飯までは各々自由時間である。

掃除をするもよし、部屋で一人で坐禅を組むもよし、リモートワークをするもよし、日替わりの仏教体験を受けるもよし、それぞれがそれぞれの時間を有意義に過ごす。

ロビーに常備してあるお茶や炭酸水もいくらでも飲んでいい。

ただし何も食べてはいけない。

己を律し、己と向き合い、心身共に健康になることが断食道場の本来の目的なのだ。

昼、僕は自由参加の仏教体験に参加した。この日は枯山水の線引き体験だった。参加者は本堂の前の庭に集合するのだが、道中に喫煙所があることを発見する。

道場滞在中、タバコを吸ってはいけませんとは言われていない。

しかし、己を律することが本来の目的なのだと理解した手前、はたして吸っていいものなのか。これはもしかしたら龍雲寺がしかけた誘惑、トラップなのかもしれない。

どうする？

僕は宿舎へタバコを取りに戻り、改めて喫煙所に行き、タバコを吸った。

そのあとの枯山水線引き体験は、罪悪感と久しぶりの喫煙のせいで線がガタガタになってしまった。

夕方、「住職にお悩み相談」タイムがやってきた。

僕自身の本来の目的はこれだ。人は何も食べないとどうなるのか？　この真相を住職から聞きたかったのである。

「完全な断食をすると人はどうなるんですか？」

率直な質問をぶつけてみた。

「高揚感が得られます」

住職の返答はこうだった。

過度な断食で肉体が衰弱すると脳が興奮し、高揚感を得ることができる。ただしそれは〝まやかし〟でもあるという。

お釈迦さんが生きていた時代は苦行が全盛期で、身体を痛めつけることで得られる高揚感が悟りであると考える修行僧がいた。それが悪いことかというとそうではなくて、今でも断食や苦行などの厳しい修行は存在し、その結果得られるものは体験した本人にしかわからない、説明しがたい貴重なものであるという。

しかしそれは長年修行を積み重ねた僧侶だからできることであって、断食道場の参加者が急に無理な断食をすると心と身体のバランスがおかしくなり、日常生活に戻った時に支障をきたす可能性がある。本気で試したければ出家して苦行に堪えうる修行を積み重ねるといった助走が必要である、とのことだ。

　住職の言う〝まやかし〟とは、高揚感や奇跡は追い込まれた人間の脳が作り出しているという意味と、生半可な気持ちでそれを得ようとするとしっぺ返しをくらいますよという二つの意味があると僕は解釈した。

　それにしても食べなければ生きていけないはずの人間が、食べないことで高揚感を得ることができるなんて、人間の身体はいったいどうなっているのか。ますます謎は深まるばかりだ。


　翌日、急な仕事が入り、僕は昼の自由時間を抜け出して東京へ行った。

　仕事を終えて夕方、浜松駅からタクシーに乗る。

「龍雲寺までお願いします」

「お兄さんこんな時間にお寺に何しに行くの？」

「断食しに行きます」

「へぇ、お寺で断食やってるんだ。あ、そうだ、アメちゃん食べる？」

「あ、今、断食中なんで、ちょっと……」

「アメちゃんくらい大丈夫でしょ、おいしいよ、このアメ」

「あ、いや、でも……」

かたくなにアメを差し出す運転手。しかしタバコは吸えてもアメはなめられない自分がいる。

はたしてこの善意（悪意？）は受け取るべきなのか。

もらうって異物を受け入れることなのかもしれない。

そして僕はまだ、異物を受け入れることができない。

＊

五泊六日の断食道場も終盤に差し掛かり、坐禅にもだいぶ慣れてきた。

坐禅中は何も考えてはいけない。心を空っぽにする時間だ。

「食べることって何なんだろう。自分が生きるために別の命を殺すこと。食べるとは恐ろしいことなのかも……」

夜の坐禅を終えたあと、外の喫煙所でタバコを吸う。

結局、断食中も禁煙はしないと決めた。ここへ来たのは禁煙することが目的ではないからだ。タバコを吸うとリセットができる。ゴチャゴチャした頭の中を一度クリアにして、より落ち着いて考えごとができる。

あれ？　これって坐禅に似てないか？

心を空っぽにすることと頭をクリアにすること。一緒じゃない？

でも、これって自分の力じゃないな。タバコの力を借りてしまっている。

坐禅があればタバコがなくてもいいんじゃないか？

いや、ちょっと待て。坐禅も、坐禅の力を借りているではないか。じゃあ一緒か。

いや、坐禅は考えてはいけないからちょっと違うか。

その時、強烈な夜風が吹きつけた。体が冷える。

あれ？　夜風に当たるのも似てないか？　「ちょっと頭を冷やしてくる」と言って夜風を浴びに行くことも、一度リセットする意味では一緒だ。人間は頭や心を一度空っぽにする術をいつの間にかいろんな形で持っている。

もしかしてこれが禅？　そしてこの気づきが悟り？


次の日、写経体験をする。般若心経を一画一画ていねいに書く。その作業中、頭の中は字を書くことに集中している。

ああ、これも頭の中、空っぽのやつだ！

なぜこれほどまでに空っぽにしたがるのか。

般若心経には「色即是空《しきそくぜくう》」という言葉がある。「空」は「実体がない」ということを意味していて、「色即是空」は「すべてのものには実体がなく、刻々と変化していくもので不変のものは存在しない」といった意味だ。

だから苦しみも悲しみも恐れる必要はないとのこと。

空っぽにするのは、自分を「空」にするということか。


夕方、一日一食の食事の時間にふと思う。

あれ、「空」って「食う」ともつながるかも。

体というのは細胞の集まりで、その細胞も次々と生まれては死に、七年もすれば、体の全部が入れ替わるという。

それは七年かけて食べ続けたもので自分の体は形成されてしまうということだ。

じゃあ元々の自分はどこへ行った？

その元々の自分も七年かけて細胞が入れ替わったものだから、自分ってそもそも存在するの？

これが「空」だとしたら、自分がいないって怖くないか？

七年かけて食べ続けると、元の自分はなくなるって、怖くないか？

食事のあと、禅堂で母と娘で断食道場に参加している親子と話していると、食べることの怖さについての話題になった。

「白味噌と赤味噌でもめてた夫婦がいたね」

「おでんでもめてたところも。愛知・岐阜は味噌だけど関東や関西は違うでしょ」

「あと箸立てに箸を立てる時、箸先を上に向けるか下につけるかで離婚したところもあったね」

確かに、結婚して他者と生きれば、お互いの地域性や習慣の違いに直面する。

でもそんなに受け入れられないものなのだろうか。

「食べる」という、生きる行為が関わるからこそ、そこまでこだわってしまうのか。

あ、食べることは外の物を取り入れること。だから食べることにこだわることは自分にこだわることとつながっていくのかも。

最終日の朝、住職にも聞いてみた。

「たとえば嫌いな食べ物を食べなきゃいけないのは、その人にとっては怖い食べ物だけど、そうじゃない人にとっては怖くない。家族であってもケンカをしてたら、ご飯の時間が来るのは怖い。同じものでも自分の心や関係性が乱れてしまうと怖いご飯になるよね。その人と顔を合わせたくないのに食べるご飯はのどを通らない。ご飯そのものはおいしいんだよ。ゆとりがなくなって、食べることに集中できなくなると怖いご飯。怖いと思うか思わないかじゃないかなぁ。物として怖いというのはないしね、空だから。全部気持ちだよね」

クッキー

クッキーは贈り物として何かと便利だ。しかしもらって嬉しくないクッキーもある。

Mさんの知人のTは飲酒運転の常習犯だった。一度、検問でとっさに逃げようとして厳重注意を受けている。その時、なぜかTは捕まらなかった。彼はその後も飲酒運転を繰り返す。

しばらくして二回目の検問に引っかかり、今度は警官を車でひいてしまう。

Tはその警官に裁判で訴えられたら困ると思い、警官の働いていた警察署を特定し、張り込んで家までつけていき、警官に子供がいることまで突き止めた。

そして学校から帰ってくるその家の子供を待ち伏せ、毎日クッキーを渡し続けた。

「お父さんにお世話になったからこれ渡しといて」

やがて警官は引っ越し、裁判にされることはなかったという。

ぜんざい

京都の京田辺市にある一休寺では、一月生まれの一休さんにちなみ、毎年一月の最終日曜日を「一休善哉の日」として、ぜんざいがふるまわれる。

この寺ではぜんざいの名付け親は一休さんである、と伝えている。

ぜんざいは漢字で「善哉」と書く。

一休さんが餅の入った小豆汁をごちそうされた時に「善哉此汁（よきかなこのしる）」と言ったことから、「善哉（ぜんざい）」と呼ばれるようになった、というのが一休寺の説明だ。

この日来た参拝客はぜんざいを食べたあと、今年一年の誓いを絵馬に書き、一休さんと約束するのだ。

関西には「厄除けぜんざい」という風習が各地にある。

奈良県葛城市では、節分の日に小豆を百八人に食べてもらうとよいとされており、行く人に赤飯やぜんざいを配る。

小豆の赤い色が邪気を払い、厄を除けると信じられていた。

また、ふるまう行為が徳を積むことともつながるという。

僕と同期の芸人だった、ぶっちょカシワギの親族が住む大阪の岸和田市のある地域では、厄年になった男性が自分で作ったぜんざいを家の前でふるまう、という習慣がある。

知人かどうかは関係なく、学校帰りの子供などにふるまわれる。

できるだけ多くの人にふるまうことで厄を持っていってもらえる、と考えられているようだ。

ふるまわれた人たちは、厄が入ったぜんざいを喜んで食べている。

ケーキ

今年、二〇二三年、四十一歳本厄の僕は、ＤＡＩＨＡＴＳＵ心斎橋角座で生誕祭イベントを行い、後輩芸人の華井二等兵が買ってきたベトナムの塩漬け卵黄スポンジケーキ「バイン・ボン・ラン・チュン・ムイ」を舞台上で食べた。ベトナム料理専門の無料販売所で買ってきたらしい。

甘くないケーキに卵黄の塩気に生クリームではない謎の白いソース。

そしてどこかに豚肉が入っているという恐怖もあいまって、体験したことのない味に脳が混乱し、涙が頬を伝った。

要するに口に合わなかった。

日本にはそもそも誕生日を祝う習慣がなかった。

昔は「数え年」で年齢を数えていたので、正月が来るといっせいにみんな年をとっていたためだ。

誕生日はないが、日本には七五三があった。

昔は生まれても早くに死んでしまう子供が多かった。だから三歳・五歳・七歳と年を重ねられたことで、死ななくてよかったねと祝っていたのだ。

一休さんが「門松は冥土の旅の一里塚」なんて言いながら正月にドクロを突き刺した杖を持って町を歩きまわって、

「よかったねー、死に一歩近づいたねー、めでたいねー」

と嫌味を振りまいていたという伝説があるけれど、子供にとっては年を重ねられたことが、ひとまず死を乗り越えたねってことで、めでたかったようだ。

僕の生誕祭の手伝いをしてくれた芸人兼作家の兵頭は、子供の頃、実家に空き巣が入った。

その当時、近所の家に空き巣被害が多発していて、兵頭家も何か盗まれているものはないか確認した。

そして家は荒らされてはいなかったが、カセットテープが一つ盗まれていたことが発覚する。

それは兵頭の二歳の誕生日に録音されたもので、あどけない彼の声と、「ハッピーバースデー」を歌う家族の声、ろうそくの火を吹き消す様子などが入った、思い出のテープだった。

なぜ、そのカセットテープだけが盗まれたのかはわからない。

ただ、テープがあった場所には犯人が書き残したと思われるメモが置かれていた。

そこには「ありがとうございます」と書かれていた。

ポーチドエッグ

Ｆ子さんは父方の祖母のことをチャーチャンと呼んでいた。なぜ「チャーチャン」なのかはわからないが、どうやらお婆ちゃん扱いされたくなかったから、そう呼ばせていたようだ。

チャーチャンはよくポーチドエッグを作ってくれた。寝ている間に作っているのか、朝起きたら机の上に置かれていた。

ぷっくりした茶色い陶器に入ったポーチドエッグ。少し塩気があって、卵の黄身もドロドロ過ぎず、半熟で見た目もかわいくて、いい匂い。醤油を数滴垂らして食べるのをいつも楽しみにしていた。

Ｆ子さんはチャーチャンに溺愛されていた。幼稚園にあがる前から小学二～三年生あたりまで、いろんな場所へ連れていかれた。繁華街での高級な外食、カルピスをキープしてもらっているスナック、北海道の雪まつりや山形の山寺にさくらんぼ狩り旅行、東京の高級ホテルなど、日本各地に二人で、あるいはチャーチャンがお金を渡した人たちと一緒に出かけさせられた。

週末になるとチャーチャンの家に泊まりに行った。

金曜の夕方、母がＦ子さんとチャーチャンのために作ったご飯の紙袋とお泊りの用意をチャーチャンの家の玄関に置き、「よろしくお願いします」と伝え帰ると、チャーチャンはすぐに「じゃ、行こか」と言ってＦ子さんを外食に連れていった。そしてわざわざ母に食事を作るよう命じていたにもかかわらず、母が作ったご飯はいつも紙袋のまま捨てられていた。

夜になると仏間に布団を一枚敷いて、二人で仏壇に足を向けて寝た。その時に何度も「チャーチャンのこと好き？」と聞かれ、「好き」と答えると「Ｆ子のこと好き」と言われた。

チャーチャンはＦ子さんの父と母、兄には厳しかった。

Ｆ子さんが生まれる少し前、体調が悪くなった母が半年ほど入院していたため、兄が母方の両親の田舎に預けられた。

そのことをよく思わなかったチャーチャンは幼稚園児の兄に直接、呪いのような言葉を浴びせ続けた。

「お前はかわいくない、お前はかわいくない、母親の血が濃いお前はかわいくない」

兄も露骨にチャーチャンに怯えるようになった。

チャーチャンは農業を営む両親と六人きょうだいの末っ子として、ある地方の田舎町に生まれた。きょうだいは貧しさのため餓死、病気で次々と亡くなり、チャーチャンだけが生き残ったという。

両親はチャーチャンをとてもかわいがっていた。チャーチャンの父親はとても人がよく、近所の人たちに畑でとれた野菜などを配っていた。しかしそんなお人好しな父のことがチャーチャンは大嫌いだった。

幼い時の貧しい暮らしを見返したい、金持ちになりたいという思いが強く、二十歳を過ぎた頃、商売をやっていたF子さんの祖父のもとにチャーチャンが略奪婚で転がり込んできた。

チャーチャンはその後、二人を出産。前妻の子供と、長男（F子さんの父）、次男（叔父）と生活を送る。

前妻の子供への虐待は激しく、また実子である長男に精神的な虐待も行っていた。しかし次男だけは溺愛していた。学生時代から相当な金額のお小遣いを次男には渡し、兄弟間に優劣を明確につけていた。

祖父が亡くなってからはチャーチャンが社長になり、Ｆ子さんの父はチャーチャンのもとで働くこととなり、職場でＦ子さんの母と出会い結婚した。

父の結婚後もチャーチャンは叔父や近所の人たちにお金を渡し、父へ嫌がらせをするように命じた。家族・地域を巻き込んでＦ子さん一家を精神的に追い詰めていった。母も何度かお金を渡されそうになったが、断ったのがかわいくないと嫌がらせされるようになった。

もめ事をわざと起こさせ、人がもめているのを見て楽しむ。その原因をお金で作り、さらにまたもめ事を起こし、不幸や憎しみや悲しみを、お金じゃないと築けない絆でつながった仲間たちと笑う。それがチャーチャンの人身掌握術だった。

Ｆ子さんは大きくなるにつれ、チャーチャンの家に泊まりに行くことに少しずつ違和感を覚えるようになった。両親が嫌うチャーチャンの家になぜ自分が泊まりにいかされるのだろう。

「行きたくない」

途中でそう思うこともあったが、行かなければ両親が辛い目に遭うような気がしたので、いやいや行くようになっていた。


ある時、チャーチャンの家がとても汚いことに、Ｆ子さんは気づいた。大量のホコリ、ゴキブリホイホイの中の無数のゴキブリ、洗い物がそのままの台所。部屋の中がなんとなくくすんで見えた。

チャーチャンが家にいない少しの間、すきを見計らって冷蔵庫を開けてみた。すると中に入っているのが五年も十年も賞味期限を過ぎた缶詰や食料ばかりだったので、ますます怖くなった。卵からは緑色のようなドロドロした液体がこぼれ、醤油も数年前のもので、さらに恐ろしくなった。

チャーチャンには言えない。

言うと、きっと兄や両親がされているように自分も攻撃されてしまう、と思った。

翌朝、机の上にはできたてのポーチドエッグが置かれていた。

今までチャーチャンが作っている姿は見たことがない。

あの食材を使っているのかと想像すると、ゾッとした。

しかし、食べなければならなかった。食べないと、チャーチャンは怒ってしまう。怒って、これから先の自分の未来が奪われてしまうような気がして、食べるしか選択肢がなかった。

　味は、おいしかった。

チャーチャンは七十代に入り、自ら病院に入院した。

お見舞いに行ったF子さんが見たのは、ふっくらとしていたチャーチャンではなく、チューブにつながれた骨と皮だけのミイラのような姿だった。

　F子さんはチャーチャンに特別嫌なことをされたわけではなかった。ただ、家族への仕打ちやポーチドエッグのことを考えると、決して好きではない。だけど、目の前の姿を見るとさすがにかわいそうになり、声をかけた。

「来たで」

するとチャーチャンは「フン」という感じで無反応だった。

ところが兄、父、母が声をかけると、突然大きな声を出して反応した。

「うぁ――――！」

兄や母には「すまんなぁ、すまんなぁ」というジェスチャーを、骨のような手で繰り返し、声にならない声を出していた。

兄はその姿を見て冷静につぶやいた。

「自業自得やな」

F子さんは、自分は溺愛されているように思っていたけれど、結局、お金や物を与えるだけの対象だったのだと、改めて理解した。

チョコレート

寝ている間、僕は僕じゃない。

初めは十年前だった。一番最初に住んだ事故物件で生活をしていた時、朝、目が覚めると前日の晩にコンビニで買ってきたアーモンドチョコが箱の真ん中から無理やり破られ、中身が全部なくなっていた。

食べた記憶はまったくない。

別の日もまた、同じように朝、起きたらアーモンドチョコがなくなっていた。

当時は事故物件に定点カメラを置き、毎晩撮影して心霊現象を観測する企画をやっていたので、その日は犯人を探すために昨晩撮った映像を確認してみた。

そこには寝ていたはずの自分がムクリと起き上がり、コンビニの袋を漁ってアーモンドチョコを取り出し、乱雑に箱をこじ開け、なくなるまで貪り続ける姿が映っていた。食べ終えると何事もなかったように再び横になっていた。

その頃、起きている時もアーモンドチョコばかり食べていた。

以前から好物ではあったのだが、そこに住むようになってからそればかり食べていたような気がする。

しかし寝ている間の自分のことはわからない。

食べた記憶はないのに朝起きて異様な胸焼けを感じ、なんだか悔しい。

この現象は住んでいる場所が変わっても続いた。

ただし、食べ物が変わる。

というよりも、住んだ物件によって自分の好物が変わるのだ。

ある事故物件に住んでいた時は、ポテロングばかり食べていた。その時も寝ている間にポテロングが空になっていることが多々あった。

他にもカロリーメイトや素朴なクッキー、ぬれおかき、薄皮クリームパンなど、住む物件によって偏食する食べ物は変わるし、寝食べもする。

その時期のマイブームがたまたまその食べ物だっただけかもしれない。ただ、寝ている間に食べてしまうのは解せない。

僕は取り憑かれているのだろうか？

だとすれば、物件ごとに取り憑く幽霊は変わり、その幽霊が生前好きだった食べ物が僕の好物になってしまうのか。

アーモンドチョコが好きな霊、ポテロングが好きな霊、ぬれおかきが好きな霊……。

確か、ぬれおかきばかり食べていた時に住んでいた物件は、亡くなったのが高齢の女性だった。今まで僕はぬれおかきの存在すら知らなかったのだから、女性の好物だった可能性はある。

そうなると、起きている時の自分ですら自分なのかどうかも危うい。

最近は寝食べしている時の記憶が少し残るようになってきた。

「あ、食べてるな」

そう思いながら食べている。

しかし途中までの記憶しかなく、朝になったらすべてなくなっている。

ちなみに今はヨーグルトばかり食べてしまう。チョコも食べるが、アーモンドチョコばかりというわけではない。

はたしてこの現象は事故物件による幽霊の仕業なのだろうか。あるいは夢遊病のような睡眠障害などによる異常行動なのだろうか。
　真相を解明するため、睡眠呼吸障害クリニックで診断してもらうことにした。
　まずは問診。

問①　寝てる時に知らないうちに物を食べてしまうのが主な症状ですか？
タニシ　はい
問②　そういう時、夢は見ていますか？
タニシ　わからないですが、食べてるなと自覚している時はあります
問③　いびきはかいていますか？
タニシ　わからないですが、かいていると思います

【問①】寝ている時に物を食べてしまう症状はちゃんと病名があって「睡眠関連摂食障害」という。
【問②】異常行動の時に夢を見ているかの質問はレム睡眠時の異常があるかの確認だ。夢を見ている状態と言われるレム睡眠の時は本来筋肉が抑制されていて体は動けないそうだ。しかしその抑制が外れてしまっていると夢の内容に反応して変な動きをして

しまう。これを「レム睡眠行動障害」という。お年寄りに多いみたいだ。

【問③】いびきをかいているかの質問は睡眠時無呼吸症候群の疑いがあるかどうかの確認で、睡眠時無呼吸症候群の場合、浅い睡眠と覚醒状態を交互に繰り返して睡眠の質が落ちてしまう。そういう状態だと欲望・欲求を抑えることができなくなったりして、寝ている間に食欲を感じるとそのまま食べてしまう。中には寝ながら自分で料理してまで食べる人もいて、朝目が覚めたらフライパンを使った形跡と後片付けしないままの食器が散乱していることもあるらしい。こうなると「睡眠時遊行症」いわゆる夢遊病である。子供や若年層に多いが、大人になってもまれにあるという。

　結局、僕は、脳波・眼球運動・心電図・筋電図・呼吸・いびきなどの生体活動を一晩にわたって測定する「終夜睡眠ポリグラフ検査（ＰＳＧ）」を受けることになった。

　体中と頭や顔にたくさんセンサーをつけ、夜十時に就寝する。

　部屋にはカメラがついており、枕元には歴代の寝食べした食べ物を置き、実際に行動を起こすかを別室で検査技師が様子を見守りながらデータを観測する。

　深夜〇時、ふと目が覚めて枕元のお菓子に手を伸ばしそうになった。

「あ、今、寝食べしようとした！」

我に返り、ナースコールを押した。検査技師さんに寝食べしようとしたことを報告し、再び眠りに入る。結局途中で目が覚めたのはその一回だけだった。

朝六時起床。じっくり八時間睡眠をとった。

二週間後、検査の結果を先生に聞く。

「松原さん……症状からして睡眠関連摂食障害に当てはまることは間違いないと思うんですが、ちょっと気になることがありまして」

え、なになになに!?

「レム睡眠の時にアゴのセンサーに筋肉の動きが見られるんですね。問診の時にも言った通り、レム睡眠時は脳が筋肉を抑制しているため本来動けないはずなんですよ。あと、検査技師の記録に、ナースコールの直前の脳波がレム睡眠だったと報告があるんですね。ということはレム睡眠行動障害の可能性も高いんです」

ど、ど、どういうことですか?

「睡眠関連摂食障害という診断ではあるけれど、ちょっと定型的なものとは違うかもしれないというか、はっきりとした診断は難しいですね」

トルコライス

ナオさんは以前、悪霊に取り憑かれていた。数年前にステージ4のがんを患い、抗がん剤治療を続けている中で悪霊たちは姿を現した。

「そんなことをしても無駄だ」

「お前はよくならない」

「もうあきらめろ」

治療がひと段落つき、いよいよ手術という時に、呪いのような言葉がナオさんの口から吐かれ続けた。

心配したナオさんのお姉さんは、妹を連れて京都の天津神社を訪れた。

巫女のさちこさんがナオさんの手に触れ、話を聞き、特別なお守りを書いて握らせることで、悪霊は姿を潜めるようになった。

その様子を僕は真横で見ていたが、目の前で起きていることに驚くしかなかった。まるで映画のワンシーンのようで現実味のない、しかし現実に目の前で起きている不思議な空間だった。

その後、ナオさんは手術を受けた。九時間に及ぶ長時間の治療の末、手術は無事、成功した。

あれから三年が経つ。

ナオさんはすっかり明るくなっていた。お姉さんと沖縄を旅した話を楽しそうにしゃべっていた。

しかし病気が治ったわけではない。

治ったと思ったら転移・再発を繰り返し、今でも治療を続けている。

抗がん剤治療は味覚障害が生じるという。

水がまずくなるし、自分の唾もまずくなる。味が濃いものは特に味が変わるので、好きな食べ物も独特な甘苦い味になるようで、食べられるものはどんどん限られていく。

その中で一番マシなのはマヨネーズで、サラダ巻きならそんなに味の変化を感じない。酢とマヨネーズは抗がん剤に強いようだ。


ある日、病院の食堂に入ると、無意識のうちにトルコライスを食べていた。

「これ食べたかったんだよなー」

そう言いながらムシャムシャ食べていた。その時のナオさんの顔はお姉さんにはまるで別人に見えた。しかしナオさん自身には意識はあり、その時はまるで二人羽織のような感覚だったという。

ナオさんの顔は一瞬一瞬で表情が変わった。

そのたびに「あ、今、乗っ取られてるな」とお姉さんは思った。


いいこともしてくれた。ナオさんより先に車のパンクに気づいたり、掃除が上手だった。ナオさんには「散歩をしなさい」とよく言っていた。

歯磨きも好きで、毎日三十分以上、歯を磨いていた。


ここまで聞いて、そんなに悪いやつではないようにも思えた。ナオさんの健康にも気を遣っていて、まるで宿主に死なれては困る寄生生物のようだ。

ナオさん自身は悪霊にされた辛いことや嫌な出来事を覚えていない。記憶に蓋をしているのか、あるいは天津神社でひどい悪霊が記憶ごと払われたのかもしれない。

しかし、完全にいなくなったわけではない。

今でも「まだいるの？」と聞くと「はい、います」と悪霊が答えるという。

オムライス

天音うらんさんは、親戚が福岡県にある神社の宮司を務めており、神社の手伝いを親族一同でやっている。

その神社には四月の行事として、四国八十八箇所の福岡版とも言える「篠栗四国八十八箇所」を巡礼するお遍路参りがあり、うらんさんも小学生の頃からよく参加していた。

お遍路の時、うらんさんはいつも、きみこ姉ちゃんの戒名が書かれた位牌を背負わされた。

きみこ姉ちゃんはうらんさんの叔母で、母が三人姉妹の長女、きみこ姉ちゃんが一番下の三女である。

きみこ姉ちゃんはうらんさんがまだ幼い頃、高速道路を逆走する車と衝突して、崖から落ちて亡くなった。二十七歳だった。

「あんたはきみこにそっくりだ」

うらんさんは成長するにつれ、親族からそう言われるようになった。

実際、好奇心旺盛な性格も趣味も、きみこ姉ちゃんによく似ていた。

それもあって、お遍路参りできみこ姉ちゃんの位牌を背負うのは、うらんさんと決まっていた。

きみこ姉ちゃんは亡くなる前、あおい姉ちゃん（母の三人姉妹の次女）の家に来ていた。

その日はあおい姉ちゃんのためにきみこ姉ちゃんがオムライスを作った。

「きみちゃんがオムライス作るなんて珍しいね」

なんて言いながら、食べてみると意外にも絶妙においしかった。

「あおい姉ちゃん、いつも何を作っても文句ばかり言うのに、オムライスはほめてくれるんだね」

きみこ姉ちゃんが交通事故で亡くなったのは、そのあとすぐのことだった。

その二年後。

一月三日に神社の大祭があるので、正月には親戚一同が地元に集まってくる。

祭りの準備の手伝いをしていたあおい姉ちゃんの家には、お祖母さんと、その兄であるやすしおいちゃんが泊まった。

二人は普段は外食ばかりで、めったに料理をしないのだが、その日はお祖母さんが珍しく、やすしおいちゃんにオムライスを作って食べさせていた。

うらんさんが、お祖母さんが料理しているのを見たのはそれが最初で最後だった。

次の日、やすしおいちゃんが交通事故で亡くなった。

大根

やすしおいちゃんが亡くなったあと、遺品整理をあおい姉ちゃんが請け負った。

すべての整理をやり終え、宮司に報告すると
「仏壇にも報告したら、きっとおいちゃんもありがとうと言ってくれるよ」

そう言われたので、仏壇に語りかけた。

「やすしおいちゃん全部終わったけん安心してね」

すると翌日から毎日、あおい姉ちゃんのもとに大根が届くようになった。

娘が学校でもらって帰ってきたり、旦那が職場でもらってきたり、たまたまスーパーで出会った友達が「そういえば大根いっぱいもらっちゃったからあげるね」と言って、おすそわけしてくれたり。

しまいには「大根どうぞ」と書かれた差出人不明の紙と大根が玄関に置いてあった

りと、一番多い時には家に大根が二十本も集まった。

あおい姉ちゃんはもうこれ以上、大根が届いても困るので仏壇に語りかけた。

「やすしおいちゃんありがとう、もう大根は大丈夫だからね」

するとそれ以降、大根はピタッと止まった。

あおい姉ちゃんは親族の中の「供養屋さん」で、身内で何か起こった時は、あおい姉ちゃんが供養してくれる。そのため、似たような話が他にもある。

大分県へ行った時にたまたま温泉で出会った人と会話をしていたら、その人がどうやら遠い親戚であることがわかった。

「Gさん元気してるかなー」

お互いに知っている親戚の様子を尋ねると

「Gさんもう亡くなったよ」

と、他界していたことを知る。

「えー、じゃあ、ちゃんと供養せんといかんね」

ちょうどお彼岸の時期で、あおい姉ちゃんはどんぶりにお茶を入れて、その場でできる供養をした。

するとと今度はあおい姉ちゃんの家に次から次へとパンが届き出した。

「これはまた大根の時と同じだね。これでまだパンが届いたら完全にGさんを供養したからだね」

なんて話を娘としていたら、

「ただいま。今日、会社でパンもらってきたよ」

旦那が大量にパンを持って帰ってきた。

味噌

アキコさんのお義母さんは宮城県に住んでいる。三年前にがんが肺に見つかり、医者に余命半年と言われながらも薬を飲んで闘病していた。

年末、「もう会えるのは最後かもしれないから」と、鳴子の温泉で一泊旅行をした。旅行の帰りに「おせちはもう作れないけどかまぼこだけでも」と、スーパーに紅白のかまぼこを買いに行ったが、お義母さんは食品売り場で歩けなくなってしまった。大晦日、アキコさんは夫の実家でお義母さんと年を越して新年を迎えたあと、仕事があるからと一人で東京へ戻った。

数日経ってから家に帰ってきた夫は、お義母さんの手作りの味噌をお土産に持ってきた。味噌を入れたタッパーにはお義母さんが書いた手紙が添えられていた。

「寒い中、来てくれてありがとう。また会いましょう」

　アキコさんはお義母さんの味噌をすぐには使えなかった。

　なぜかこの味噌を使ったら、お義母さんの寿命が縮んでしまうのではないかと、なかなか使う気になれなかった。

「なんで使わないの？」

　夫にそう言われてようやく使い出したのは二月になってからだった。お義母さんの味噌で作る味噌汁はほどよくしょっぱくて旨味があって、いつも使っているスーパーで買っていた味噌よりもおいしく、夫がすごい勢いで飲み干してしまうのを見て「ああ、お味噌がなくなっていく」と心配した。


　四月に入って、いよいよ味噌が残り一食分になってしまった。最後の味噌汁を飲み終えると、「ああ、使い切ってしまったなぁ」と寂しい気持ちになった。

　その日の夜、宮城から電話がかかってきた。

　お義母さんが亡くなった知らせだった。

　アキコさんは味噌を使い切ってしまったことを悔やんだ。

すき焼き

省三さんの叔母さんは神奈川県に住んでいた。時代は高度成長期、嫁いだ家は大地主で、同じ敷地内に義理の姉夫婦も住んでおり、クマという名前の犬を飼っていた。

義理の姉夫婦は共働きのため、夜遅くに帰ってくる。お腹を空かしたクマはご飯を求めて叔母さんの家までやってきて、よく勝手口の扉をガリガリと引っかいた。その音が聞こえると、叔母さんは扉を開け、クマに残飯を与えていた。

ある日の夜、いつものように勝手口をガリガリ引っかく音が聞こえた。しかし、その日の夕飯はすき焼きで、子供たちが全部たいらげてしまい、残り物がまったくなかった。余っていたとしても玉ねぎが入っていたのでクマにはあげられない。

「ごめんねクマ、今日はあげられるものがないんだよ」

叔母さんはガリガリ聞こえる扉越しにそう言って、扉を開けなかった。

翌日、スーパーで買い物をしていたら義理の姉と遭遇した。

「お仕事が忙しいのかもしれないけれど、ちゃんと毎日クマにエサをあげてやってくださいね。じゃないとクマがかわいそうですよ。昨日もうちにエサをねだりにきてましたから」

叔母さんは義理の姉に忠告した。

すると義理の姉は驚いた顔でこう言った。

「あらやだ、クマは昨日の昼間に死んじゃったのよ」

メロン

芸人のかみじょうたけしさんは二十五年前、テレビ番組の打ち上げ終わりに帰れなくなり、森脇健児さんに「やるきの家に泊まったらええやん」と言われ、若井やるきさんの家に泊まることになった。若井やるきさんは若井はやと師匠の弟子で、同じく若井はやと一門の森脇健児さんの弟弟子にあたる。しかし、かみじょうさんは当時、森脇健児さんにはお世話になっていたが、若井やるきさんとはあまり面識がなかった。

やるきさんの家は商店街の路地を抜けたところにあるアパートで、部屋に入ると布団が二枚敷かれていた。

「かみじょうくん、全然遠慮せんでええからゆっくりくつろいでや。メロン食べる?」

テーブルにひと切れの細いメロンが出てきた。かみじょうさんは芸歴ではやるきさんの後輩にあたるので、先輩であるやるきさんのメロンが用意されるのを待っていたが、やるきさんの分のメロンは全然出てこない。

「やるきさんは食べないんですか？」

「うん、僕はもう食べたからええねん」

じゃあ遠慮なくいただこうと、メロンにフォークを刺した瞬間。

「それな、三日前に出ていった嫁の分のメロンやねん」

「え？」

「なんか僕とどうしても別れたかったみたいで、コツコツ働いて百五十万円貯めて、『これで離婚して』って言われてな、出ていってしもうてん」

かみじょうさんは身動きが取れなくなった。

「あの、ここに敷かれてる布団もじゃあ……」

「そうそう、嫁の布団やねん。なんか片付けてしまうともう嫁が一生帰ってこーへん気がしてな……あ、全然遠慮なく布団使ってな」

その後、やるきさんは離婚の手切れ金百五十万円のおかげで三年半生き延びたということを、前歯を見せながらニヤッと話していた。

かみじょうさんは今でもメロンを見ると、やるきさんの家で食べたあの細いメロンを思い出す。

ビワ

ビワには毒がある。

毒があるといっても、完熟したビワの実に毒があるわけではない。種と、未熟な果実に毒がある。

これは実ができていない時はまだ種もできあがっていないから食べないでねっていう意味があり、実が熟すと今度は食べてもらいたいので果肉を甘くして毒も消し、けれど種を食べられると困るので種には毒を残している。

こうしてビワは食べられたり食べられないようにして子孫を増やすのだ。

「桃栗三年柿八年枇杷は九年でなりかねる」

ことわざにもあるように、芽が出て実を結ぶまで、ビワは十年ほどかかるとされている。

裕さんが生まれた時、初孫が生まれた記念として、お祖父さんが家の庭にビワの苗木を植えた。

お祖父さんはそのビワの木と共に孫がすくすくと成長するのを願い、孫と一緒にビワを食べるのを楽しみにしていた。

苗木は一五〇センチほどの高さだった。

お祖父さんは裕さんとは一緒に暮らしてはいなかったが、裕さんの家を訪れるたびに苗木の様子を観察した。

しかし周りの木や植物は成長するのに、ビワの木だけは何年経っても成長せず、お祖父さんはそのたびに寂しそうにしていた。

裕さんは成長するにつれて、何の変化もないビワの木を見るのが怖くなった。自分の背がこの木より高くなった時、なぜか自分は死んでしまうのではないかと考えた。

小学校六年生になる頃には裕さんの身長はビワの木を追い越した。

特に裕さんの身に何かが起きるわけでもなく、大人になるにつれてそんなことは気にも留めなくなっていた。

二十歳を過ぎた頃、ビワの実がなるのを一度も見ぬままお祖父さんは亡くなった。
その後しばらくして、ビワの木は一度も実をつけることなく枯れていった。

イチゴミルク

二十代から三十代にかけて、僕はおにぎり配達の店で働いていた。

主な仕事は揚げ物と配達。店の主力メニューは天むすと唐揚げなので、よく注文が入る。そのたびに僕は衣を付けたエビと、唐揚げ粉をまぶした鶏肉をフライヤーに放り込む。エビは一分くらい、鶏肉は三分くらいで浮き上がってくるので、それからほどよく色がついたのを見計らって網ですくう。

その間、揚げ場を見守りながら、僕は毎回妄想にふける。

「今、世界はたまたま人間が支配しているからこうして天むすのエビと唐揚げを油で揚げているけれど、もしエビが世界を支配していて、エビにとって人間がおいしければ、エビが人間の皮をはぎ、頭は棄てて、天ぷら粉を溶かした液体に浸し、高温の油のプールに放り込んで、揚がったら米で握って海苔を巻いて、『人むす』として食べられていたのかもな……」

僕はイチゴミルクが好きだ。そもそもイチゴの練乳がけが好きなので、あの酸味のある濃厚な甘さはドリンクとしてごちそうだ。小中学生の頃は五〇〇ミリリットルのパックを買ってグビグビ飲んだ。

鮮やかなピンク色もきれいだ。「いちごみるく」って感じがする。

このイチゴミルクのピンク色はコチニール色素が出していて、その原料はカイガラムシである。カイガラムシとは、体長が二ミリから一〇ミリほどの小さな昆虫で、植物に寄生し樹液を吸って枯らしてしまう害虫だ。

世界には七千種以上のカイガラムシが存在し、その中のコチニールカイガラムシ、ラックカイガラムシ、ケルメスカイガラムシなどのメスの体を乾燥させて、体内に蓄積されている赤い色素を熱水で抽出したものが、主にイチゴミルクのピンクの色を出している。

虫が入ったミルクを飲んでいると思ったら、はたして怖いだろうか？

虫で怯えるのであれば、そもそも牛乳だって元々は牛の血だ。

血が赤いのは、赤いヘモグロビン色素を含む赤血球が入っているからで、牛乳には赤血球が入っていないから白く見えるだけである。

ちなみに抹茶ミルクの緑色は蚕の糞である。

それよりも僕は、天むすのようにカイガラムシと人間を置き換えると気持ち悪くなる。人間の女性をミイラのように乾燥させ、煮えたぎった釜に放り込んで、体内に蓄積された赤血球から赤い色素を（どうにかして）抽出する。人間の代わりに世界を支配したカイガラムシが、イチゴミルクを鮮やかなピンク色にするために、それを使う。

考えてもどうしようもないことだが、人間がカイガラムシにやっていることはそういうことだ。

ただ植物の汁を吸って生きていただけなのに、害虫と言われ駆除され、

「あ、なんか赤い色出るなコイツ」

と発見した人間がウチワサボテンにカイガラムシを繁殖させて（ウチワサボテンからしたらいい迷惑）、いっぱい採って乾燥させて熱水に入れて、染色用の染料として、やがてはイチゴミルクのピンク色として利用される。

カイガラムシにとっては人間こそが恐怖でしかないはずだ。

ビワは食べて欲しい時期になる前に食べられるのが怖いから未熟な果実の内は毒を持つが、ビワを食べる動物にとっては毒を持ったビワが怖い。

人間は幽霊を怖がるけれど、幽霊だって人間を怖がっているかもしれない。

「怖い」は、誰の視点から見て怖いかだ。

カイガラムシのことが怖いのは本来、汁を吸われている植物だろう。

カイガラムシはその名の由来の通り、成虫になると蝋状の物質でおおわれたり、貝殻のような殻をまとったりするので、農薬がほぼ効かない。しかもほとんど動かず一生そこで汁を吸い続ける種類がいて、その成虫は足も触覚も目も退化する。そこから動くつもりもないのだ。

なんだこの生き物。やっぱり怖い。

納豆

三重県多気郡多気町にある金剛座寺の住職は、かつて実家が檀家として支えていた廃寺をＤＩＹで復活させた。

しかし三十年間閉めていた金剛座寺のは檀家は六件。細々と運営してきたが、コロナ禍による追い打ちもあって寺を存続させるのが困難になってきた。

住職は現状を打破するため、クラウドファンディングで資金を募り、寺の敷地内にパン工房を建てて自家製のパン作りをはじめた。金剛座寺で作るパンは、同じく寺でパンを焼いていた知り合いの住職が研究に研究を重ね育てた発酵力の強い天然酵母を譲り受け、じっくり時間をかけて発酵させて作る。

しかし、パンの師匠から何度もレクチャーを受けて自分なりに試行錯誤を繰り返し、やっとパン販売ができるまで完成したものの、突然、金剛座寺のパンは思うように発酵しなくなる。

原因もわからないままだった。

一年経ってもパンの発酵が安定せず、売り物にできるパンが完成しない。

結局、クラウドファンディングで集めた資金は一旦、全額返金することになった。

それでもあきらめきれない住職は、もう一度、酵母菌の種起こしからパン作りを始めた。その様子を毎日の食事の写真と共にフェイスブックにアップしていたところ、ある日のコメントを読んで驚愕した。

「住職、パン作りに納豆はダメなのではないですか？」

住職の投稿には必ず好物である納豆が映っていたのだ。

「原因はそれだ！」

住職はもちろん納豆がパン作りに影響することは知っていた。パン工房には納豆は入れていない。しかし納豆菌の強さを甘く見ていたのだ。

パンの酵母菌はパンの中にだけ存在するものではない。

老舗のパン屋であればあるほどパンの味が安定しているのは、パン工房を使えば使うほど、壁紙や工房内全体に酵母菌が住みつくからだ。

そして納豆菌も納豆の中にだけいるわけではない。田んぼや畑、枯れ草にも存在し、稲の藁に特に多く棲息している。

世界は菌でいっぱいなのだ。

納豆菌はほんの少しパン工房に入るだけで、その酵母菌を駆逐してしまうくらい強い菌である。服や体に付着した納豆のわずかな糸にも納豆菌は存在する。経験不足から油断していた。

その納豆菌が、酵母菌に入って酵母菌の繁殖を妨げていたのだろう。

パン作りから一年、住職は納豆を控えるところからもう一度チャレンジしている。

キノコ

佐藤実絵子さんは高校時代演劇部に所属していた。

文化系の部活には本来は部室がないのだが、演劇部は屋上に上がる手前にある部屋を倉庫兼部室として使っていた。

その狭くてジメジメしていて物が乱雑に散らかる部屋の窓際に、入部当初からずっと置いてあるのが、お茶の入った二リットルのペットボトルだった。

誰のお茶なのかわからないので不用意に捨てられない。

そして何より奇妙なのが、そのお茶の中に巨大な白いクラゲのようなものが浮いていることだった。

実絵子さんはそれがいったい何なのか、わからなさすぎて怖かった。

やがて一年経ち、二年経ち、誰も触らぬまま、そのペットボトルは放置され続けていた。

三年生になった時、顧問に「部室を片付けなさい」と言われ、クラゲの入ったお茶を渋々廃棄した。

あのペットボトルはいつから放置されていたのだろう？

初めて部室に入った時からあるわけだから、もしかすると実絵子さんと同じように先輩たちも捨てられず、何年も何年も前からそこにあったものなのかもしれない。


その話を聞いて僕は「紅茶キノコ」かもしれないと思った。

紅茶キノコは一九七〇年代に大流行した健康飲料で、紅茶や緑茶に砂糖と「スコビー」と呼ばれる酢酸菌や酵母菌などでできた母株を入れ、発酵させて作る。

発酵の際にキノコのような見た目の、白く分厚い膜ができることから「紅茶キノコ」と呼ばれた。このキノコみたいな物体は酢酸菌が作った食物繊維で、ナタデココのようなものらしい。僕は見たことはない。

現在は「コンブチャ」と名称を変え、再びブームが来ているそうだ。

紅茶キノコの菌は、紅茶や緑茶に含まれるカフェインと糖分を分解して発酵するので、実絵子さんが部室で見たペットボトルは、加糖のストレートティーだったのかも。たまたま紅茶キノコのようなものを作る菌が中に入り込み、長い年月をかけてクラゲみたいなキノコを完成させたとか？

しかし、紅茶キノコのキノコはキノコではない。酢酸菌が作った食物繊維だ。実際のキノコも菌類ではあるが、菌類の中でもカビに近い。カビもキノコも胞子で増える。

キノコが菌？

そもそもキノコと呼ばれる部分はキノコ本体ではない。

キノコ本体は菌糸の集合体である「菌糸体」という形で、枯れ木や土の中でひっそりと棲息している。いわゆる〝キノコ〟は「子実体」のことで、植物でいうところの花、つまり生殖器官だ。

紅茶キノコといい、キノコといい、菌って何なの？

もうわけがわからない。

チーズ

イギリス産のブルーチーズである「スティルトンチーズ」は、食べると変な夢を見るといわれている。

二〇〇五年、英国チーズ委員会が男女二百人に二〇グラムのチーズを寝る三十分前に食べさせて、それぞれどんな夢を見たか記録する実験を一週間行ったところ、スティルトンチーズが他のチーズよりも「鮮やかでクレイジーな夢」を見る確率が一番高かったと発表している。

そもそもイギリスには「寝る前にチーズを食べると悪夢を見る」という迷信があったそうだが、なぜ悪夢を見るのか、なぜスティルトンチーズが最も奇妙な夢を見やすいのか、その原因は解明されていない。

日本にも少し前、ある乳酸菌飲料を飲むと安眠効果が得られるとともに、「悪夢を見た」と言いだす人が続出したという現象が話題になった。

スティルトンチーズは牛乳に乳酸菌を加え、凝乳酵素で固めてから水分を抜き、塩と青カビを使って熟成させて作られる。乳酸菌飲料は粉ミルクの液に乳酸菌とシロップを混ぜて作られる。

青カビと乳酸菌。どちらも菌である。

夢を見るのがはたして菌の影響によるものなのかどうかはわからないけれど、僕はその力をお借りしてある実験を試みた。

それは、「その洞窟の夢を見ると死ぬ」といわれている場所・島根県の猪目《いのめ》洞窟に行き、その場でスティルトンチーズとその乳酸菌飲料を同時に摂取して寝ると、いったいどんな夢を見るのか？　という実験だ。

僕が知りたいのは「本当に変な夢を見るのか？」というのもあるが、その条件で「どんな悪夢を見るか？」に興味がある。

そして「もしその場所で、その場所の夢を見てしまうと死ぬのか？」も合わせて検証する。

二〇二三年二月、テレビ番組のロケで島根県までやってきた僕は、猪目洞窟に行く前に黄泉比良坂《よもつひらさか》に寄った。

黄泉比良坂はあの世とこの世の境界として日本神話に登場する坂だ。

黄泉《よみ》の国へ行ってしまった妻のイザナミに会いに行った夫のイザナギが、すでに黄泉の国の食べ物を食べてしまい（「黄泉竈食《よもつへぐ》ひ」という）、元の世界に戻れなくなってしまったイザナミの醜い姿を見て、やっぱり怖くなって逃げてしまう。

逃げる夫に激怒したイザナミは黄泉醜女《よもつしこめ》という鬼女を追っ手として差し向けるが、現世と黄泉の境界である黄泉比良坂まで逃げてきたイザナギがその場に生えていた桃の木の実を投げつけて撃退し、千引《ちびき》の岩を置いて黄泉の入口をふさいだとされる。

その現場とされているのが松江市東出雲町にある黄泉比良坂だ。

この坂の「塞《さい》の神」と書かれた道祖神の前で、僕は桃味のキャンディーをなめた。

あの世とこの世の境界で、イザナギが黄泉醜女を追い払った桃（味のキャンディー）を口にすることで、このあとの実験にどう影響を及ぼすことになるのだろうか。

深夜、小雨の降る中、猪目洞窟に到着。

出雲大社の裏山を越えて海側に出た道の海岸沿いに、猪目洞窟はある。

「夢の中でこの洞窟に行くのを見たならば、必ず死んでしまう。ここは昔から黄泉の坂、黄泉の穴と呼んでいる」

洞窟の入口に立てられた看板には、『出雲国《いずものくに》風土記《ふどき》』に書かれた紹介文が載っている。

ここは黄泉比良坂とは別の、もう一つの黄泉の入口だ。

さらには十三体以上の古代人の人骨が発見された場所でもある。

洞窟の奥はいったいどうなっているんだろう。

本当に黄泉の国とつながっているのか?

中に入って確かめる。

幅三〇メートル奥行き三〇メートルの斜めにあいた洞窟は、奥に進めば進むほど天井が低くなる。限界まで腰を曲げてゆっくりゆっくり進んでいくと、天井からポツポツとナスビのようなものがぶら下がっていることに気づく。

懐中電灯で照らすと、それはナスビではなくコウモリだった。

光に驚いたコウモリが突然、何匹も飛び回る。

「怖い！　こっちに来ないで！」

と言ってもこの狭さではどうにもできない。

体を地面に伏せたいところだが、おがくずのようにフカフカした地面はおそらくコウモリの糞だ。こっちはこっちで菌が怖い。

そうか、コウモリが黄泉の入口の門番なのか。

しかし、ここまで来たからには黄泉の世界をのぞき見ないことには帰れない。

ジリジリ、ジリジリと「心頭滅却すればコウモリもまた涼し」の境地で前に進む。

もうこれ以上は進めないという狭さのところまでやってきたものの、まだ奥にはすき間があった。

しかし人間の体が入り込めるレベルのものではない。

きっとあのすき間には魂くらいしか入り込めないだろう。

だから、やっぱり死なないと黄泉の国へは行けないのだ。残念だがここで断念する。

それよりも早く脱出しなければ、腰が折れる。

ヤンキーの何倍も深いウンコ座りの姿勢でコウモリのウンコまみれになりながら、一歩ずつ一歩ずつ牛歩のように後退する。

奥で寝るのは無理だ。じゃあどこで寝るべきか。

ちょうど洞窟の真ん中あたり、天井が腰をかがめるかかがめないかぐらいの高さの位置に杭のようなものが刺さっていた。

　これはもしかしたら黄泉比良坂でいうところの塞の神のような、現世と黄泉の境線を表している標《しるし》ではないだろうか？

　僕はこの位置にレジャーシートを敷き、寝袋にくるまった。

　時間も遅いので、宿に戻る時間を考えると検証時間は約一時間。

　その間に眠りにつけるかどうかも問題になってきた。

　定点カメラを、寝ている自分と洞窟の奥が映るような画角でセットし、何かが起きた時のためにハンディカメラもそばに置く。

　番組ディレクターの鎌倉監督とプロデューサーの加藤さんには車に戻ってもらい、一時間後に起こしにきてもらうようお願いした。

　ここからは完全に一人だ。

　リュックからスティルトンチーズを取り出し、食す。

　ブルーチーズは苦手な人が多いと聞いていたが、独特の匂いは僕には心地よく、塩味も絶妙でミルクの風味が濃厚。

　うまいじゃないか、スティルトン！

さらにリュックから例の乳酸菌飲料を取りだし、喉に流し込む。

これで準備は万端だ。あとは眠れるかどうかだ。

まぶたを閉じる。

雨の音か波の音か判別つかない「ザザァ――」という音が耳につく。

だめだ、全然寝られない。

そういえばここ数年、夢なんてほとんど見てないな。

〝ザザァ――――

ザザァ――――

ザザァ――――

ザザァ――――〟

ああ、なんか髪の毛がどんどん伸びていってる気がするなぁ。なんだか体もプカプカ浮いてるような。雨水が洞窟に流れ込んできたのかなぁ。あれ？　足が動かないぞ。いや、これ足首誰かに摑まれてるよね。え、うそ、これって幽霊来た!?

まぶたを開けると、洞窟の外から懐中電灯の光が二つ見えた。

あ、しまった、起きちゃった。今の夢だったかもしれないのに。

しかもこのタイミングで鎌倉監督と加藤さんが迎えにきてしまった。

ここで終わらせるともったいない。寝てるフリをしなくちゃ。

懐中電灯の光と二人の人影がだんだんとこちらへ近づいてくる。

再びまぶたを閉じた。だめだ、全然寝れない。

ああ、これだけで実験が終わってしまうのか。せっかくここまで来たのに……あれ、起こしにこないな。寝てるかどうかを確認してるのだろうか。

うっすらとまぶたを開けてみる。

するとそこにはさっきまであった人影も光もない。

あれ、さっき確かにいたはずなのに。

僕はとっさにハンディカメラを手に取り、上半身を起こして洞窟の外にカメラを向けた。

「今、懐中電灯持った人が二人、こっちに近づいてきたはずなんですけど、誰もいないんですよね……。監督と加藤さんかと思ったんですが、そうじゃないとなると、今のは誰？」

カメラに声が入るように状況を説明した。

僕は内心、定点カメラに何か映ってたらいいなと思った。

謎の二人が僕のそばまで来て懐中電灯で照らしている様子が撮れていたら、それは幽霊か、黄泉の国から迎えにきた何者かだ。来たのは洞窟の外からだけど。

ハンディカメラを置き、もう一度まぶたを閉じる。

…………

…………

…………

「タニシくん」

うわぁ！！！

「うわぁ！　ビックリしたぁ」

鎌倉監督と加藤さんだった。

どうやら今度は本当に眠っていたようだ。

鎌倉監督が呼びかけた声にビックリして起きた僕の声に、監督らもビックリしていた。

「監督、途中一回、様子見にきませんでした？」

「え、行ってないよ。そろそろかなぁと思って今起こしにきたんだけど」

じゃあ……あの人影と懐中電灯の光は何？

僕は夢を見にきたはずなのに、ガッツリと幽霊を見てしまったのかもしれない。


宿に戻ったのは午前三時くらいだろうか。

次の日もロケがあり、朝が早いので僕は再び眠りについた。

〝――部活行くん嫌やなぁ、今日もノックあるんやろうなぁ、エラーしたら走らされるん嫌やなぁ、サボりたいなぁ、どうやってサボろうかなぁ、あーとりあえずトイレ行こっか、あれ、ズボンはいてないわ、まぁえっか、あれ？　ちんちんが三つある、なんで？　しかもこれ、全部キノコやん、どーゆーこと？　ん？　鏡割れてるやん、というか、自分ってこんな顔やったっけ？　あれ、目が、目が斜めになって、どんどん小さくなっていく、しゅぅぅぅぅぅぅって小さくなっていく、なんで？　怖い怖い怖い、あれ、トイレの鍵開かへん、うわぁ！　背中が、上に引っ張られて、体がいうこときかへん！　天井に背中が張りついてる！　なんで――――！〟

夢だ。

久しぶりに鮮明な夢を見た。

しかも悪夢。こんな悪夢は何年ぶりに見ただろう。

中学生の頃の野球部の夢は大人になってからもたまに見ていた。

よっぽど嫌だったんだろう。僕にとって代表的な悪夢だ。

さらにそこから体が何かに乗っ取られて宙に浮いてしまうなんて、典型的な「怖い夢」だ。実際、夢の中の自分は本当に怖がっていた。


朝、鎌倉監督が僕に報告する。

「昨夜撮った定点カメラの映像を一応全部チェックしたんだけど、タニシくんが起き上がってカメラを構えたっていう動きがないんだよね。ずーっと動かないまま寝てるだけの映像で、人影も光も映ってなかったよ」

え？　そんなバカな。僕はその時、確実に意識があった。

「ハンディカメラもずっと地面が映ってただけだったねぇ」

じゃあ……あれは夢だったのか？

僕は猪目洞窟で寝て、猪目洞窟で人影と光を見て起きた、という夢を見ていたのか。

猪目洞窟の夢、見ちゃったなぁ。

桃

二十数年前、雪の残る三月中旬の夕方、比嘉さんは青森県弘前市で仕事を終え、タクシーで宿まで帰る道すがら、運転手のすすめで、あるお寺を訪れた。

その寺の一角にはかなり古い時代の「火の見やぐら」があった。火の見やぐらとは、火事の早期発見のために町全体を見渡せるように作られた見張り台のことだ。

今から約五百年ほど前、その地域の若殿様が桃に砂糖をつけて食べたところ、その夜のうちに急死してしまった。悲しんだ殿様は若殿の亡骸をその寺に葬った。

昭和初期、近隣の大学が遺跡調査を目的としてその寺を調べていたら、火の見やぐらの下に石棺が見つかった。開けてみるとその若殿とおぼしき遺骸が発見されたのだが、その遺骸は腐敗しておらず、まるでつい数日前に亡くなったかと思われるような状態だったという。

比嘉さんは運転手の解説に興味深く耳を傾け、火の見やぐらを眺めながら感心した。


それから数年後。

再びその伝説がある町に寄る機会があった。

当時の話を思い出し、自分で運転するレンタカーで、目印の火の見やぐらを探して走ったが見つからない。

どうしてないんだ？

比嘉さんはレンタカーを駐車場に停め、タクシーを探して乗車する。

「火の見やぐら」「桃に砂糖をつけて食べ、死んだ若殿の話」そして、「遺骸が腐敗せずに残っていた摩訶不思議な話」を運転手に話し、場所を探そうとしたのだが、

「そんなおかしな話はこの地域にはない」

と言われる。


比嘉さんはその町の図書館へ行き、地域の伝承や伝説が書かれた文献を読み漁る。

しかし、話どころか何の手がかりも見つからない。

自分は夢でも見ていたのだろうか？
自身の記憶に疑いを持つ始末。
でも、あの日あの時、あの場所の寒さ。
踏みしめた雪の感触。
火の見やぐらの柱の色、匂い。
すべてがクリアな記憶として、今でも比嘉さんの中に残っている。

コーヒー

四ツ谷に住む六十代男性の林さんは、二十代前半の頃にお岩さんのような女性と出会っている。

当時は四谷三丁目駅から歩いて三分のアパートに住んでいた。

夏の深夜三時半頃、近くの飲み屋からアパートに帰ろうとしたら、路地に入ったところに女の人がうつ伏せに倒れていた。背の高いボブヘアーの四十代くらいの女性だ。

額からは血が流れていて、少し固まっている。下に石があったので、転んでぶつけてしまったのだろうか。

「大丈夫ですか？」

「うう……」

「救急車、呼びましょうか？」

「やめて」

「いや、でも……」

「大丈夫だから、タクシーを呼んで……」

「こんな時間にタクシーは来ませんよ。それより救急車を」

するとそのタイミングでたまたま細い路地にタクシーが入り込んできた。女性は急にスクッと立ち上がり、タクシーを止めた。

ドアが開き、さっきまで倒れていた女性がスッと座席に座る。

あれ、この人大丈夫なのかな？

運転手が「どちらまでですか」と聞く。

しかし女性は答えない。しかたなく林さんが女性に尋ねる。

「お姉さん、お家はどちらですか？」

「……左門町」

左門町、お岩さんの神社があるあたりだ。

「運転手さん、左門町方面みたいです。たぶん近くまで行くとお姉さんも場所言えると思うのでお願いします」

そう言ってドアを閉めようとすると、林さんはグイッと腕を引っ張られた。

「あなたも……来て」

正直、気味が悪かったが、倒れているのを助けた手前、最後まで送り届けないといけないかと思い直し、林さんもタクシーに乗り込んだ。

場所はそれほど離れてもいないのですぐに女性の住むマンションに着いた。

周りの建物と比べるとひと際目立つ大きな白いマンションだった。

タクシー代は女性が払った。

車を降りてマンションに入っていくのを見届けようと思ったら、またグイッと腕を引っ張られた。

「あなたは命の恩人だから、コーヒーでも飲んでいって……」

林さんは、家に怖い人でもいるんじゃないかと思ったが、若さゆえの好奇心と飲み会帰りの酔いもあり、引っ張られるままにマンションに入った。

部屋のドアを開けると、奥に三畳間の和室があり、布をかけた三面鏡が置いてあった。

「畳に座って……」

言われるがままに和室の畳に座ると、スッとコーヒーが目の前の小さなテーブルに置かれた。女性は三面鏡の前に座り、気がつけば頭にウィッグネットをつけていた。

ボブヘアーはカツラだったのか。

「私、今、銀座に勤めているからこういう風にしなきゃいけないの」

話は妙にリアルだった。

女性は三面鏡で血がついた顔面をのぞき込みながら、

「あら、ブスの顔が余計にブスになっちゃったわ……」

何とも言えない空気の中、飲んだコーヒーの味は覚えていない。

女性は急に財布を出して、一万円札を三枚テーブルに広げた。

「命の恩人にこれじゃあ足りないかもしれないけれど、もらって……」

当時の三万円は二十代前半の林さんにとっては大金だった。

しかしさすがに気を遣い、一万円だけもらって部屋を出た。


それから一週間ほど経ったある日、四谷三丁目駅で降りて家に帰ろうとしたら、あの女性の後ろ姿が見えた。

背が高くてボブヘアー。しかし、どうも首が長い。

それによく見ると頭の動きがおかしい。

女性はひょこひょこと首を左右に振りながら歩いていた。

う、これは人間じゃない。

恐る恐る、林さんは後ろから歩いてついていったが、角を曲がったところで女性の姿を見失う。

消えた。

林さんはあの日の記憶をたどって女性のマンションを探した。

そう遠くはないはずだ。

この角を曲がって、お茶屋があって、その向かいの……。

しかし周りは普通の民家しかない。

大きな白いマンションはどこにも見当たらなかった。

カレー

Tさんは家でスパイスカレーを作って食べていたら急にめまいがして倒れ、救急車で運ばれた。ナツメグ中毒だった。ナツメグはカレーに入れるスパイスの一種で、過剰摂取すると吐き気や幻覚作用を引き起こすといわれる。Tさんはそんなことは知らずにカレーを作る際、ナツメグの分量を間違えて多めに入れてしまったようだ。

カレーでいうと激辛カレーが僕にとっては怖い。痔になる可能性があるからだ。

「お尻の耐性の強さは人それぞれで、自分は平気と思っていても、次の日にとんでもないことになることがある」

現在も治療を受けている肛門科・黒川梅田診療所の黒川先生は言う。

ある日、空手部の学生七人がインド料理屋に行き、十段階ある辛さの八段階目のカレーをみんなで食べた。翌日、全員同じカレーを食べたはずなのに、一人だけ「お尻が痛い痛い」と訴えて黒川先生のところへ駆け込んだ。

診断の結果、いぼ痔であった。いぼ痔をなめてはいけない。

僕は二〇二一年、いぼ痔の手術を受けている。手術といっても注射だが、そこに至るまでの経緯は壮絶だ。毎回毎回排便をするたびにお尻の穴が裏返る。裏返るというのは、肛門の中にあるイボが外側に出てくるということだ。口の中からもう一つの口が出てくる深海魚・ゴブリンシャークを想像してもらうといいだろう。

それを濡らしたトイレットペーパーを当てながら指で押し込む。しかしトイレから出て数歩歩けばまたイボが出てくる。そしてトイレに駆け込み、また押し込む。それを一日十回以上繰り返す。もちろん出ている状態も押し込む時も痛い。これでは日常生活もままならない。

ネットで肛門科をいろいろ検索して選んだのが黒川梅田診療所だった。

「おお、これはひどいねー」

すぐに手術をしないといけない状態だった。しかし切除手術の場合、イボの膨らみによって伸びた肛門の筋肉を切ることになるので執刀医の技術や本人の体質によっては肛門に穴があくという。肛門はそもそも穴じゃないのか？　と思うかもしれないが、手術の失敗例の写真を見せてもらったら本当にポッカリ穴があいていた。こうなるとオナラと便が勝手に出続けるらしい。それは絶対に嫌だ。

黒川先生の病院は切除手術はしないので、まず腫れを鎮める注射を打ち、それでも治らなければ糸でくくってイボが勝手に取れるのを待つという治療を行う。

僕は幸い注射で腫れがおさまった。しかし先生は痔はなくならないと言う。とにかく再発を抑えるためには以下のことを必ず守りなさいと言われた。

・トイレは五分以内に必ず出ること
・排便後はイボを押し込み、そのままペーパーで数秒間押さえておくこと
・ウォシュレットは使い過ぎないこと

そして二〇二三年。

「松原さん、私が言ったことちゃんと守ってますか？」

「はい、できるだけ守るようにはしてるつもりなんですが」

「できるだけじゃあかんよ。必ず守らないと。じゃないと、また出てきてるから、今度は切らんといけなくなるよ。あと刺激物のような辛いのもあまり食べないようにね」

切るのは嫌だ。だから僕は激辛カレーが食べられない。

（上）事故物件の土

（左上）断食道場の涅槃堂で坐禅。世界一大きい般若心経が展示されている
（右上）断食道場で参加した枯山水の線引き体験

（上）断食道場で食べた精進料理

(右）ベトナムのケーキ「バイ・ボン・ラン・チュン・ムイ」
(下）DAIHATSU 心斎橋角座での41歳生誕祭の様子

(左）睡眠呼吸クリニックで「終夜睡眠ポリグラフ検査（PSG)」を受ける
(左下）歴代の寝食べした食べ物
(右下）検査のため枕元に食べ物を置いて睡眠に入る

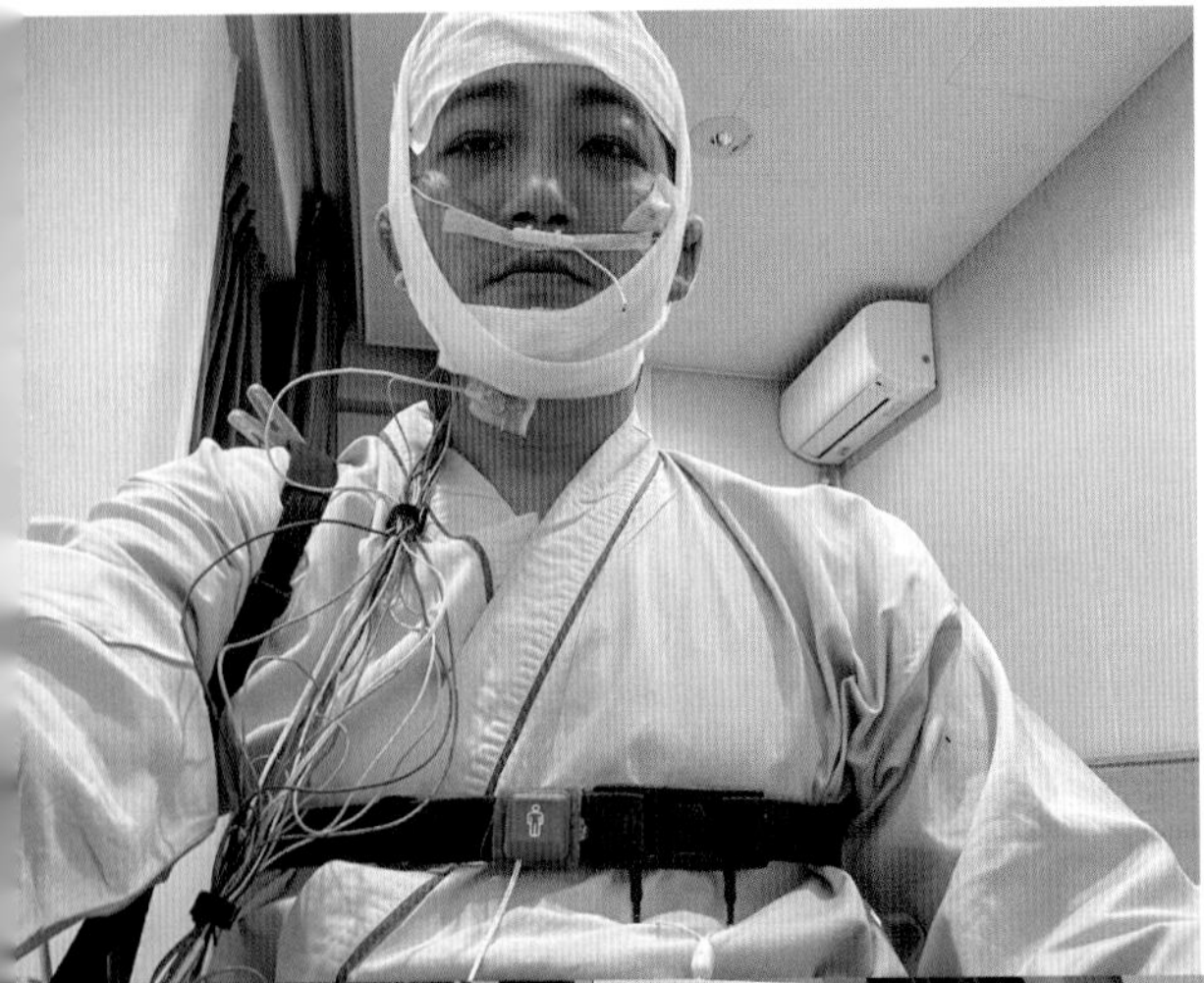

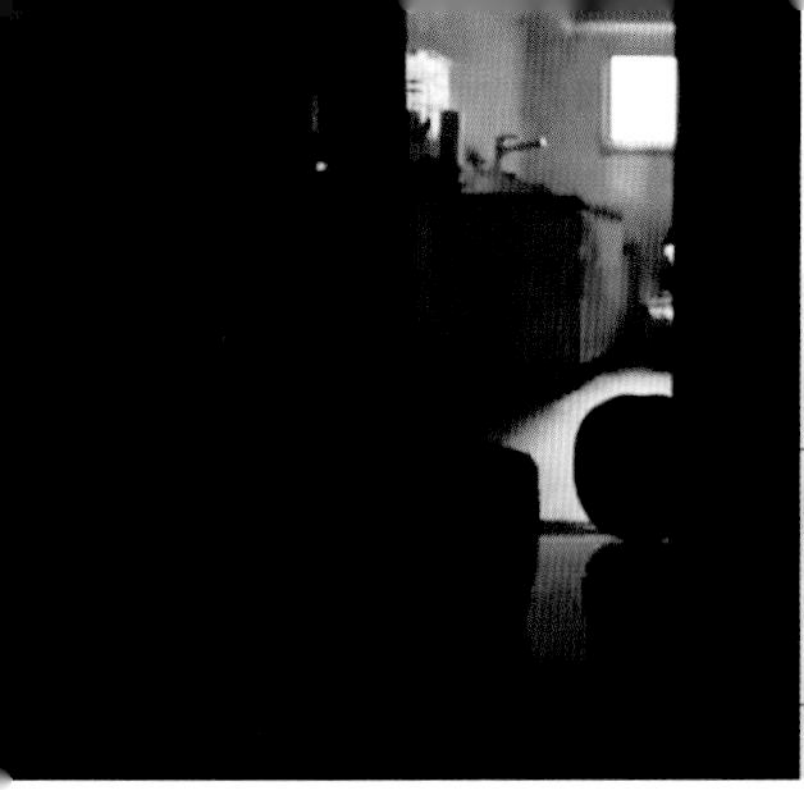

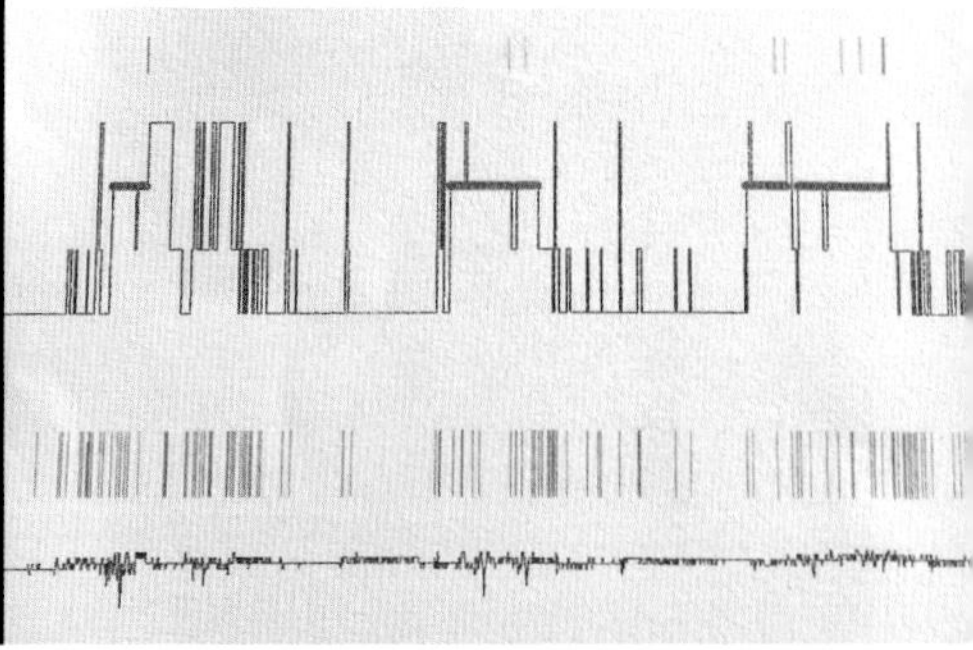

（左上）2019年、8軒目に住んだ事故物件の定点観測カメラがとらえた寝食べの瞬間
（右上）終夜睡眠ポリグラフ検査（PSG）の結果。赤い横線がレム睡眠時を表し、一番上の列の縦線が筋肉の動きを表している

（左）染料・コチニールとして使われているカイガラムシ

（右）猪目洞窟
（下）猪目洞窟で眠って夢実験

（左上）人間のシワを拡大したようなメキシコの大地　（右上）リサイクルショップ「フェブロ・ファンタズマ」。日本語にすると「幽霊の村」（中左）リムジンタクシーの運転手が買ってくれた、道路の真ん中で売っている謎のお菓子　（中右）ホテルでのモーニング。フレンチトーストを2枚食べたがまだ6枚残っている

（左下）植物園で見た変なサボテン・ビスナガ（右下）メキシコ在住の日本人画家・坂元唯さんの作品

（右）2019年、樹海マニアのKさんに案内してもらった富士の樹海

（左）奈良県御所市蛇穴の野口神社。蛇曳き汁掛け祭りの祭壇
（右下）野口神社。「蛇塚」と書かれた井戸と大蛇

（左下）祭壇に供えられたみそ汁　（右下）みそ汁の具に使われたワカメ

(右) 秋田の郷土料理の店でナマハゲと
(下) 秋田で食べたハタハタのロバタ焼き。ブリコ (ハタハタの卵) もたっぷり入っていた

(右) 晩白柚
(左下) 山の神の祠に至る参詣道

（左上）如竹踊りの記念碑に描かれた絵　（右上）紀元杉

（左）タニシ麵
（中右）タニシ麵の中に入っているタニシ
（下）タニシがタニシを食べる

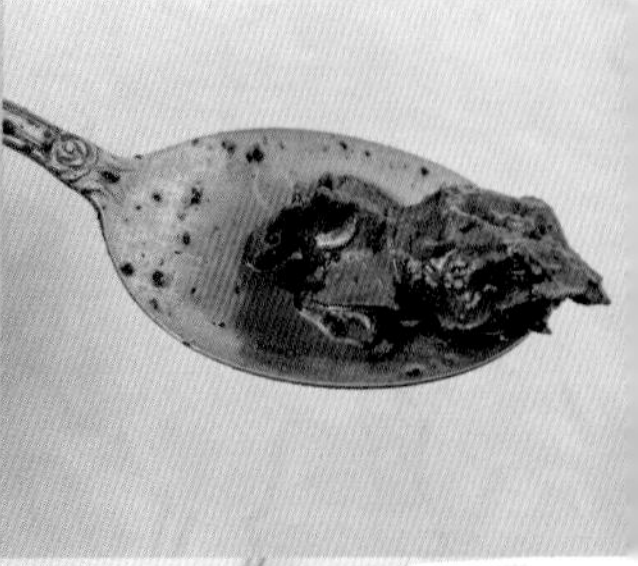

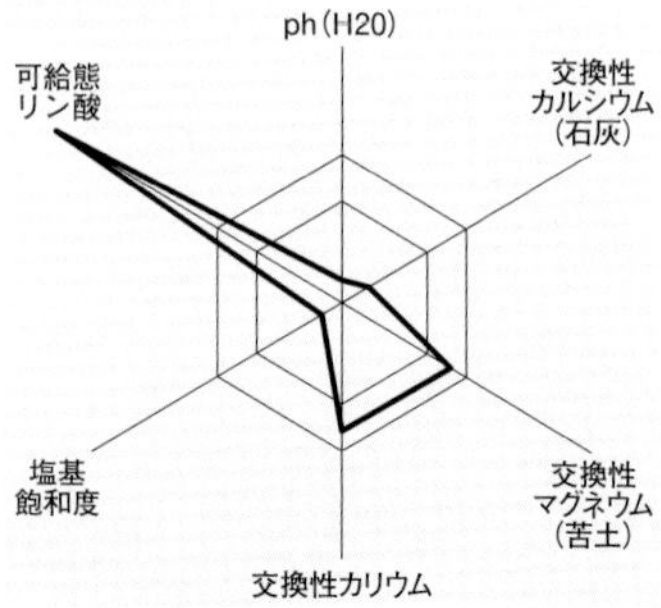

（右上）土壌検査の結果
（上）15軒目の事故物件にて「土」で育てたチューリップと同居人たち
（右）事故物件の「土」に野菜の種をまく

（下）成長したカイワレ
（左）カイワレを食べる

サボテン

メキシコで「生まれ変わりの儀式」を受けられると聞いた。

海外は台湾とタイにしか行ったことがないが、メキシコはいつか行きたいと思っていた。

以前、青森の恐山でイタコさんにお祖母ちゃんを口寄せしてもらったことがあるのだが、その時に「あの世がどんな世界なのか」を聞くと、三十年前に亡くなったお祖母ちゃんはこう答えた。

「知りたければ『リメンバー・ミー』を観なさい」

『リメンバー・ミー』はメキシコの伝統文化「死者の日」を題材にした二〇一七年公開のアニメーション映画だ。死者の世界はとてもカラフルで幻想的だった。

儀式が受けられる場所はメキシコのグアナファト州にあるという。グアナファトは

『リメンバー・ミー』に登場する風景のモデルの一つになった場所だ。

この機会を逃すと一生メキシコに行くことはないかもしれない。思い立ったが吉日、メキシコ行きを決断する。


飛行機に乗って十三時間。窓から見下ろすアメリカ大陸の大地は、人間のシワを拡大したように見えて、地球が大きいのではなく自分が小さくなった気分になった。

メキシコシティ空港に着くと、まず入国審査で立ち往生する。メキシコはスペイン語圏なのだが、僕はスペイン語はおろか英語すらまともに話せない。覚えてきたのは「オラ（やあ）」「シー（はい）」「グラシアス（ありがとう）」の三つだけである。あとは新日本プロレスの内藤哲也選手の決めゼリフ「トランキーロ（焦るなよ）」は知っているが、使うタイミングがない。二十分ほど放置されたあと、結局、何で通してくれたのかはわからないが、入国することができた。言葉が通じないというのは想像以上に恐怖である。

空港を出てリムジンタクシーに乗り、当たり前にサボテンが生えている風景を見ながら約四時間かけてグアナファト州のサンミゲル・デ・アジェンデという街に到着。この街は世界文化遺産にも登録されていて、石畳とカラフルなコロニアル建築が並び

「世界一美しい小さな街」と呼ばれている。治安もいいらしい。

予約したホテルに入り、この日は就寝する。

翌朝、ホテルの朝食でメニューに英語で書かれた「フレンチトースト」と「スクランブルエッグ」を頼むと、フレンチトーストが八枚と目玉焼きが出てきた。一人だとなかなか思い通りにはいかない。

現地在住の日本人・シンジさんにアポをとる。この人が今回、「生まれ変わりの儀式」を案内してくれる。

この日は地元の植物園「エルチャルコ・インヘニオ」に行ってサボテンやメスカル、テキーラの原料となるアガベを見て回り、そのあと巨大なリサイクルショップ「フェブロ・ファンタズマ」に行って、買ったとしてもどうやって持って帰ったらいいのかわからない謎の巨大な売り物群を鑑賞する。

三日目、いよいよ儀式に参加する。しかし僕は大きな勘違いをしていた。「生まれ変わりの儀式」は伝統行事や風習などの儀式ではなく、セラピーのことだったのだ。

本来、このセラピーは何かしらの悩みや病気を抱えた人の治療が目的である。シンジさんもここで「生まれ変わり」を体験し、病気を克服した経緯がある。ただ、僕には特に悩みがない。とはいえ、もしかしたら深層心理に抱えている問題が何か見つかるかもしれない。己を知るためにも体験する価値はある。

「タカシ（僕の本名）、グラシア〜ス！」

現地に着くと母性の塊のようなマダムが出迎え、ハグしてくれた。色とりどりの花が咲く庭を通り、カラフルな色彩の家の中へ案内される。

まずは事前に用意してくれたホロスコープ（占星術で使われる天体の配置図）を見ながら、シンジさんが通訳してくれてカウンセリングが始まる。

マダムに指摘されたのは父親との関係性だった。特に僕自身問題はないと思っていたが、マダムはこう言った。

「父を抱きしめなさい。そうすればすべてがうまくいく」

正直、無理だと思った。家族には長年築き上げた関係性がある。突然抱きしめても違和感しかない。しかしそれを打破することで新たな可能性が自分の中に生まれるということをマダムは強調した。

続いてタロットカードを引く。草原で積んだ花を持って歩く女性の絵が描かれたカードを引き当てた。そこにはこんな文章が書かれていた。

「美しさは、人生において普通でありシンプルなものに見られます。それが禅です」

メキシコまで来て……禅！

断食道場からメキシコまで、つながっていたのか。まるで導かれているようだ。

お昼はマダムたちとサラダを食べ、午後からはダンディーなマダムの旦那さんによる石を使った気の流れの調整があったあと、いよいよ生まれ変わりの体験に入る。

ピラミッドを模した空間に寝そべり、父の顔を思い浮かべながら激しい腹式呼吸を続けるよう指示される。部屋には荘厳なクラシックが流れていて、そばではマダムが祈禱のような動きをする。しばらく呼吸を続けていると疲れてきたので目を開ける。するとマダムは「ハッハッハッハッ」と、呼吸を続けるよう促す。その通りに再び呼吸を続けていると、だんだんと手足がしびれてきて、金縛りのような感覚になってくる。さらに呼吸を続けていると、息が苦しくて死んでしまいそうな不安が襲う。

すると、音楽がさらに壮大になり、父の顔がよりくっきりと浮かび上がる。

そしてなぜだか涙が溢れ出して、「お父さんありがとう」という思いで頭がいっぱいになった。その瞬間、マダムが僕を抱きしめる。

「グラシアス！　ハッピーバースデーマイベイビー！」

そうか、僕は今生まれたんだ。新しい自分が誕生し、僕は生まれ変わったんだ。

涙が止まらない。そして清々しい。そうか、これが愛か！

しばらく身動きがとれない状態になり、涙がまだ止まらない。

ただ、同時に幸福感と満足感に溢れていた。


メキシコ最終日。日本人画家・坂元唯さんのアトリエを訪問する。

唯さんは幻覚サボテン・ペヨーテを食べたことがあるという。

ペヨーテはウイチョル族などの先住民族が宗教儀式に使用する。ウイチョル族はペヨーテの幻覚からインスピレーションを得て、独特の色鮮やかなビーズ細工や織物などの民芸品を作る。

唯さんは友人とペヨーテを求めてウイチョル族の聖地まで行く。砂漠を歩き、ヘトヘトになりながらペヨーテを探すが、いっこうに見つからない。

「人がペヨーテを見つけるのではない。ペヨーテが人を見つけるのだ」

これはメキシコに伝わることわざだが、唯さんは自分がペヨーテに選ばれなかったのだろうとあきらめ、引き返そうとしたが道がわからなくなり遭難してしまう。

しかしそこでテントを張ってペヨーテを食べているヒッピーと遭遇する。

「ペヨーテどこにあるの？」

そう尋ねるとヒッピーは「その辺に生えてるよ」と教えてくれた。ペヨーテを見つけた唯さんたちは砂漠の真ん中で「まずい、まずい」と言いながらその場で食べた。しかしその時は何も起こらなかった。

唯さんたちはヒッピーに近くの村を教えてもらい、現地で宿をとる。

唯さんは疲れた体をベッドに沈め寝ていると、どこからともなく紙切れの人形がわんさか現れて自分のベッドを紙のノコギリで切ろうとしてきた。

「やめろ！　やめろ！」

人形はベッドを切るのをやめない。助けてもらおうと友人を見ると、友人は一点を見つめてゲラゲラ笑っていた。

あとで聞くと友人は目を閉じた瞬間から昔、大事にしていたおもちゃを延々と拾っていて、次第にビカビカした光に包まれて笑いが止まらなくなったそうだ。

ペヨーテはちゃんと儀式の中でお香を焚いて暗い部屋でシャーマンの言葉を聞きながら食べないと、宇宙に自分が漂って世界が一変するような神秘体験にはたどり着けないという。それでも人によって見える世界が違うから、その素晴らしい体験を得られるかどうかは人ではなく、ペヨーテが選ぶのだ。

その意味を唯さんは自らの体験で思い知らされたという。

僕は帰りの飛行機で映画を五本観た。なぜか感動する映画ばかりを選んで観てしまう。そして延々と涙を流している。どうやら泣きたくてしかたがないようだ。


日本に帰り、メキシコで体験したあれこれを思い出す。

一番の収穫は、生まれ変わりによって愛を知ったことだろう。

鏡を見ると自分の顔がスッキリとしていることがわかる。

自然と笑みも浮かんでしまう。

ん、ちょっと待てよ。これは、自分ではない。

僕はどうやって愛を知ったのだろうか。

決定的なことが思い出せない。

人によっては新しい自分との出会いがその後の人生の支えとなる。

しかし僕の場合、愛を知ったとして、どうやって知ったのか、それが何なのかまで知りたい。僕はまだ生まれ変われないようだ。

サバ

よりこさんは昼食時、友人が弁当に入っているサバを弁当の蓋へ避けているのを見かけた。

「サバ食べられないの？」

「いや、食べたらいけないんです」

その友人の家は「サバを食べてはならない」という家訓があるそうだ。子供の頃からそう言われて育ったという。何代か前の先祖がサバにあたって苦しんだのかどうかはわからないが、商売をやっている家系のため、守らなければならない験担ぎとしてそれがあるのだろう。

ただ、その友人の母はサバを食べているという。ある日、サバ寿司を何かの機会で食べてしまったところ、「サバ、おいしいじゃない」となり、以来、母だけはバクバク食べているそうだ。

何かを食べてはいけないといったものではないが、商売人の家系であるよりこさんの家にも家訓のようなものがあったという。

それは「午前中に『猿』と言ってはいけない」である。

よりこさんが子供の頃、近くの小さな動物園に猿がいたので「おサルさんだ」と言うと、お祖母さんに

「サルって言ってはいけません！　『きゃっきゃっ』て言いなさい」

と叱られた。なぜお祖母さんが注意したかというと、客が「サル（去る）」からだ。午前中限定の理由はわからないが、早い時間であればあるほどその日の客が減ってしまう、という商売家系の考え方だろうか。

それにしても午前中に猿の話題が出ること自体が珍しいのに、猿のことを言わざるをえない時は「きゃっきゃっ」と言い換えなければならないというのは非常に面倒くさい。頻度が少ないゆえにとっさの判断が難しい家訓である。

言ってはいけない言葉は「忌み言葉」ともいわれるが、地域ごとにいろいろある。

北海道に住むゆなさんが教えてくれたのは、ニシン漁の忌み言葉だ。ニシン漁が盛んな北海道の江差町では、漁をする時に「クジラ」「アワビ」「キツネ」という言葉が禁句だったという。

「クジラ」はニシンの大敵であり、「アワビ」は「磯の鮑《あわび》の片思い」という言葉から、「キツネ」はアイヌが「シトムベカムイ（神の悪漢）」と畏怖する黒い狐の影響などから、その言葉を発するとニシンが獲れなくなるんじゃないかと考えられたそうだ。

そのニシンには「燻製ニシンの虚偽」という言葉があって、「論点をずらす」「本題から注意をそらす」のような意味がある。

ちなみにニシンの塩漬けでいうとスウェーデンで作られる缶詰が世界で一番臭い食べ物といわれるシュールストレミングである。……というような論点ずらしが「燻製ニシンの虚偽」だろうか。違うかもしれないけど。

一方、サバには論点ではなく数をごまかす、「サバを読む」という言葉がある。

そんなサバが僕は好きなわけだが、一度だけどうしても食べられないことがあった。

それは樹海マニアのKさんに富士の樹海を案内してもらった時のこと。

昼食にサバ缶を開けて食べていたらKさんがイカ飯のような遺体の画像を見せて

くれた。それを見た瞬間、なぜかどうしてもサバが喉を通らなくなってしまった。

事故物件に住み続け、「人はいつか死ぬものだから」と頭では理解できていると思っていたのに、体が拒否反応してしまったのだろうか。

心と体が分離しているような感覚だった。

そんなKさんは実際の遺体を前にすると、リュックから焼きそばパンを取り出し、ムシャムシャと食べていた。

この行為には「俺はおまえと違って生きてるんだぞ」という意味があるらしい。

みそ汁

奈良県は役小角《えんのおづぬ》のゆかりの地だ。役小角は修験道の開祖とされる人物で、役行者とも呼ばれる。絶大な法力で空を飛び、大蛇を倒し、神を縛り付け、鬼を改心させて弟子にするという、壮大なエピソードが多過ぎる人物だ。

ここ数年、僕は小角の弟子の鬼の子孫が営む宿坊に泊まったり、小角が流罪となって送られた伊豆大島に行ったりして、何かと役小角を追いかけていた。

そんな中、小角生誕の地である奈良県御所《ごせ》市の吉祥草寺《きっしょうそうじ》の住職から、気になる話を聞いた。

「近くにみそ汁をぶっかける祭りがありますよ」

奈良県御所市蛇穴《さらぎ》の野口神社では毎年五月五日に「汁掛け祭」が行われる。正式には「蛇曳《ひ》き汁掛け祭り」といって、汁をかけたあとに藁で作った長さ一四メートルもの大蛇を曳きまわすという祭りである。

二〇二三年五月五日、僕は野口神社に足を運んだ。

しかし午前十一時に現場に着くと、すでに後片付けを始めていた。

「もうお祭りは終わったんですか？」

「今年は頭屋《とうや》の引き継ぎだけで、蛇曳きはないんですよ」

コロナ禍の影響でここ数年祭り自体は中止されていた。今年は頭屋と呼ばれるその年の祭りに関する一切をとり仕切る主宰者の引き継ぎ儀式だけが数年ぶりに行われ、それももうすでに終わってしまったという。

「みそ汁をかける祭りって聞いたんですが」

「私らが子供の頃は参拝客のみなさんにもみそ汁かけてましたけど、今はもうやってないですね」

残念だ。できるならみそ汁をぶっかけられてみたかった。

「じゃあ、みそ汁はないんですか？」

「一応そこに一杯だけありますよ」

話をしてくれた女性は今年の頭屋で祭壇の片付けをしていたのだが、米と餅と塩と一杯のみそ汁がまだ残っていた。みそ汁の具材はワカメのみだった。

他にも野菜や果物があってすでに片付けられていたのだが、それらは特に決まっているわけではなく、ワカメのみそ汁とタケノコだけは必ず毎年供えられているようだ。

本来ならば、朝から頭屋の家に村中の人が集まり、七〇リットルものみそ汁を作ってみんなで飲んだあと、参詣客や道を行き交う人々にぶっかける。

これは邪気を払い、病を除く意味があるらしい。

なぜみそ汁をぶっかけるんだろう。

それはこの地域の名前である「蛇穴」の由来に関係がある。

その昔、若かりし頃の役小角が修行をしに葛城山《かつらぎさん》へ向かう道中、毎日この村を通った。村に住む娘はいつしか小角に恋心を抱くようになり、猛アタックを試みる。

しかし小角は修行中の身のため一切応じない。

やがて情念に取り憑かれた娘は悪息を吐く大蛇となり、森の中にある穴に隠れた。

その場所が現在の野口神社で、「蛇穴」の地名もここからついたといわれる。

そういえば以前、新潟県の「越後くがみ山酒呑童子行列」を見にいった時も少し似た話を聞いた。大江山で悪さをはたらき、最後は源頼光らに首を切られる鬼の親分・酒呑童子は、若い頃はイケメンで、新潟県の国上寺《こくじょうじ》で修行をしていた頃に大量のラブレターをもらったそうだ。しかし修行中の身ということでまったく目を通さなかったところ、想いが届かないと嘆いた娘が身を投げてしまう。

それを聞かされた酒呑童子は自責の念にかられ、身投げした娘の恋文を開くと紫色の煙に包まれて、鬼と化してしまったという。

酒呑童子や役小角がモテモテだったこともビックリだが、思い詰めた女の情念に影響を受けた酒呑童子と、受けなかった役小角の違いは興味深い。

大蛇になった蛇穴の娘は身投げはしなかったが、火を吹くようになった。小角への想いがそうさせたのだろうか。田植え作業の休憩中にその姿を見た村人は、ビックリして手に持っていたみそ汁を大蛇にぶっかけて逃げ帰った。

そして村人みんなでその場所へ行くと、大蛇は静かに近くの井戸の中で身を潜めていたので、巨石でその井戸をふさいだ。その後、その娘を供養するために、この「蛇曳き汁掛け祭り」が始まったと伝えられている。

野口神社の境内には「蛇塚」と書かれた井戸がある。

祭りの当日はその上に藁で作られた蛇が置いてあった。赤い目に赤い舌を出し、ニコちゃんマークのような愛嬌のある顔をしていた。

ハタハタ

秋田の繁華街・川反《かわばた》にある郷土料理の店でご飯を食べていたら照明が突然消え、店内に雷鳴が轟く。

なんだなんだと思ったら、さっきまで食事を運んでくれていた女将さんが突然しゃべり出した。

「ハタハタは十一月から十二月にかけまして秋田に産卵のためにやってきます。雷が鳴ると産卵を始めるといわれていることから魚へんに雷と書いて鱩、秋田県に恵みを与えてくれた魚ということで魚へんに神で鰰、この二つの字を使ってハタハタと呼んでおります」

年の瀬の田畑が雪に埋もれて食糧が不足するこの時期に、自らこちらへやってきてくれるハタハタはまさに神の恵みだったのだろう。

しかし演出が怖すぎます、女将さん。

秋田の人たちは長い冬を乗り越えるために知恵を絞ってきた。ハタハタをハタハタ寿司や塩漬け、干物などに加工し、保存食として命をつないだ。

もう一つの秋田名物・きりたんぽは、マタギなどの山で働く人たちが、日持ちするようにすり潰して焼いたご飯を棒にすりつけて猟に持ち歩いたのが始まりの説がある。

さらに「畑のキャビア」と呼ばれるとんぶりは、飢饉で苦しんでいた村人が、ほうき草の実をなんとかして食糧にできないかと思いついたのが始まりとされる。

郷土料理とは、苦しい環境でも生き延びるための知恵が詰まった、執念の料理のようだ。

秋田名物といえば料理の他にナマハゲが有名だが、ナマハゲをもてなすお膳にもハタハタは使われる。そしてナマハゲにも、その場所で生きていくための知恵が詰まっている。

僕は男鹿半島にあるなまはげ館でオリジナル映画「なまはげの一夜」を観た時にそれを強く感じた。

ナマハゲは言わずと知れた「泣く子はいねぇが」でおなじみの来訪神だが、その映画ではおよそ二十年前の、大晦日の男鹿のナマハゲの様子が紹介されていた。

印象的だったのはナマハゲに扮した未婚の男性（現在は若者自体が少なくなったため、既婚の男性が扮することが多い）が家々を巡って暴れ回り、子供を連れ去ろうとするのだが、その家のお祖父さんや父親が笑顔で子供をかばっているシーンだった。子供たちは「ごめんなさい、ごめんなさい」と言いながらギャンギャン泣いているのだが、それでもナマハゲは容赦なく子供を引っ張ろうとしていて、それをお祖父さんや父親がまた笑顔で止める。

この「笑顔」が非常に違和感である。なんだか楽しそうなのだ。

それが僕には怖かった。

この儀式はおそらく「お父さん、お祖父さんが守ってくれた」という記憶を子供に植え付けるためにあるのだろう。その子供が青年になってナマハゲ役をして、あの時ナマハゲだった青年が父親になり、自分の子供をナマハゲから守る。その子供が成長してナマハゲ役をして……。そうやって共同体の秩序や父親の権威が保たれていく。

ナマハゲとの予定調和のプロレスを、実は一番信頼している親から仕組まれていたことをのちに知り、子供たちは大人になっていくのだろうか。

僕が「ナマハゲに対する父親の笑顔」に感じた恐怖は、すでに決まっていることに組み込まれてしまうことの怖さであり、結局、神様もそういうものに利用されてるだけなのかな、と感じてしまう虚しさでもある。

大人になっていくにつれて人は社会や常識などのすでに決められていることを受け入れていく。しかしそれでもまだどうしても受け入れられないものに恐怖を感じてしまう。

だからこそ、恐怖を乗り越える方法を人は模索する。

怒りや攻撃で抗ってみたり、心を閉ざすことで逃避したり、「すべての物事は移りゆくものだから」と動じない心を手に入れようとしてみたり。

「そういうものだ」と考えることを放棄して取り込まれることを受け入れた場合、恐怖と感じていた世界そのものに自分がなっていく。

恐怖こそが世界と自分との境界線であり、恐怖に対して何を選択するかで、自分というものが初めてできあがるのではないだろうか。

そんなことをナマハゲを見て考えた。

晩《ばん》白《ぺい》柚《ゆ》

島原の乱（島原・天草一揆）は江戸時代に起きたキリシタンたちによる一揆である。島原も天草も元はキリシタン大名の領地だったため、領民のキリスト教信仰も盛んだった。しかし領主が変わってからの厳しい年貢の取り立てと、キリシタンの迫害、さらには凶作による飢饉まで重なり、追い詰められた島原と天草の領民たちは結託し、幕府に対して一揆を起こした。

この一揆の総大将として祭り上げられたのが十六歳の少年・天草四郎だった。

天草四郎は数々の伝説を持つカリスマ美少年である。追放された宣教師〝ママコス神父〟の予言「二十六年後に幼い救世主が現れる」の通りに登場した天草四郎は、盲目の少女に触れるだけで目を治し、上天草と島原半島の間に浮かぶ湯島までの海上を歩いて渡り、手に招き寄せた鳩が産んだ卵からキリスト教の経文を取り出した。その鳩は「ズイソズイソズイソ」と鳴きながら飛んでいった。

　他にも、竹の枝にとまったスズメに呪文を唱えて動きを止め、その竹を折ってスズメごと持って帰ってきたり、「お前は怪物だ！」と文句を言ってきた者がその瞬間から口がきけなくなり、驚いてしゃがみこんだら今度はしゃがんだまま足が伸びなくなり、その者が謝ってきたので許してあげた瞬間に元通りになったりしたという。

　そうして一揆軍のカリスマ的象徴として君臨した天草四郎だったが、原城での籠城戦で幕府軍による兵糧攻めの末に総攻撃を受け、短い一生を終える。そして数万人の一揆軍は全滅するのである。

　今年の正月に僕は熊本県上天草市にある「天草四郎ミュージアム」を訪れた。

　この日、ミュージアムでは熊本大学の学生たちによる企画展も展示されていた。それは島原・天草一揆の軍記物語『島原陣』を読み解くというもの。

　僕が目についたのは、一揆が起こってからまだ原城に籠城する前の「本渡《ほんど》城の戦い」の展示にあった解説だ。

「本渡の村民はもともとキリシタンだから協力してくれると思っていて、さらに寝返らないように人質までとるなんて徹底しているね！」

おそらく学生が書いたのか、親しみやすい表現ではあるのだが、書いていることは恐ろしい。

一揆軍はキリストの名の下に一致団結して反乱を起こしている。しかしこの乱はキリシタン弾圧に対する反発だけで起きているわけではない。領主の重すぎる年貢と、飢饉による生活苦から逃れるための一揆でもある。だから一揆軍の全員が熱心なキリシタンというわけでもないし、キリシタンだった人全員が一揆に参加したいわけでもない。中には一度迫害から逃れるために仏教に改宗したけど、しかたなくキリシタンに立ち返り参加しているメンバーもいる。

「一緒に反乱しようぜ！」

そう言ってくる者たちに対し、賛同しなければ裏切り者扱いを受けて自分もやられる恐れがあるのだ。そして賛同させるためには人質もとるし、手段も選ばない。

敵は権力者だけではない。目的のため、仲間にしようとしてくる人間こそ危ない。同調圧力はいつの時代も恐ろしい。

最後に「瞑想空間」という部屋に入る。そこは礼拝堂でもありプラネタリウムでもあるような神秘的で幻想的な空間だ。しばらくただずんでいると、プロジェクションマッピングでメッセージが映し出される。

「天草四郎……
なぜ彼は神の子として生まれさせられたか
どうやって数々の奇跡を生み出したのか
一揆軍は全滅しています
これらの記録は幕府側によるものなのです」

大どんでん返しである。

まるで心霊スポットに行った全員が死んでしまったというオチの怪談のようだ。語る人間がいないはずなのに、なぜか話ができあがっている不思議。何を信じたらいいのかわからなくなる。

実際のところは何が真実かわからない。いろんな説があって、派閥があって、時代が進むとまたくつがえって。

せっかく天草に来たのだから近くに何かないかとスマホで検索してみた。すると二〇二二年に新設された山の神の祠《はこら》についてのネットニュースが出てきた。どうやら天草四郎ミュージアムからそう遠くは離れていないようである。さっそく地元の人に尋ねると、その地区の区長さんを紹介してくれた。区長さんは大量のイチゴをごちそうしてくれて、大量のワカメをお土産にくれた。どうやら区長さんが昔からあった石碑に祠を建てた張本人のようで、詳しい場所を教えてくれた。

区長さんに言われた通りに細い山道をタクシーで上っていくと、どんどん幅が狭くなって運転手が怯えだした。すると後ろから軽トラがやってきて、声をかけてきた。

「大丈夫大丈夫！」

区長さんが追いかけてきたのだ。

区長さんに励まされるまま山道を進んでいくと、「山の神参詣道」と書かれた看板と舗装されたさらに細い道が現れた。タクシーを降りて細い道を上ると、ブロックで囲まれた石碑があった。

「島原の雲仙岳《うんぜんだけ》が二百年前に地震で山が崩れて津波が来たんですよ。それで津波に関係のある大山の石神様を奉ってるんですよ」

そう言って区長さんはドッジボールのような柑橘類をくれた。

これは何？

タイマイ

ナナさんは奄美群島出身である。

当時、小学生だったナナさんはお祖父さんにこんな話を聞かされた。


その昔、小さな島があった。

その島には数十人しか住んでいなかった。島には食べるものが少なく、島民たちは魚やナリ（ソテツ）を食べて暮らしていた。

そこへ飢饉が襲いかかった。

悪天候が続き、サトウキビも育たず、島民たちはみんな満足な食事もとれなくなってしまった。

ある日、浜にタイマイが打ち上げられた。島民たちは貴重なごちそうにとても喜び、島民全員が集まってタイマイの肉を煮て食べた。

すると一夜にして一人残らず死んでしまった。

「だからタイマイには毒があるわけよ。食ったらいかんど」

タイマイとはタイ米のことではない。べっ甲の原料になるウミガメのことだ。産卵のために奄美群島にやってくることがある。

ナナさんはお祖父さんの話に震え上がった。一つの島が一夜にして死の島になるのを想像したら恐ろしかったし、何より近所のおっちゃんが毎日張っている定置網に、時々タイマイやアカウミガメがかかることがあったからだ。

もし誰かがそれを食おうと言い出したら、うちらもやられる、そう思った。

万が一タイマイの肉を食わされそうになった時の対策を練るために、ナナさんは小学校の図書室で図鑑を見て調べた。しかし、そこにはタイマイに毒があるということは書いていなかった。

「タイマイの肉の話はおじいの与太話だったんじゃないか？」

ナナさんはそう思いながら大人になった。

長い間その話を忘れて生活していたが、ある日こんなニュースを見た。

「ウミガメの肉で食中毒か、子ども八人死亡　マダガスカル」

二〇一八年、マダガスカル北部で、ウミガメの肉を食べたことが原因で二十七人が急性食中毒を発症し、そのうちの八人が死亡した。死亡したのは全員子供だった。

このニュースを見たナナさんは、タイマイの話を思い出した。

「あっ、あの時おじいが言ってたことだ！」

ネットで調べてみると、ウミガメの肉には本来毒はないが、エサにしている海藻の種類しだいで毒性を帯びることがあるということがわかった。


大人になると、自分が生まれた奄美群島の歴史も理解できるようになる。

今でこそコンビニやスーパーに本土と変わらない食品が並ぶが、奄美群島の歴史は飢餓との戦いの連続だったのだ。

江戸時代、奄美群島は薩摩藩の直轄地となり、砂糖を年貢として納めなければいけなくなった。そのため島々の畑のほとんどは換金作物であるサトウキビの栽培に使われ、島民の食糧をまかなうのに十分なだけの米や芋を育てられなくなってしまった。さらに江戸中期・末期になると薩摩藩の搾取はより激しくなり、ひとたび悪天候に見舞われると、納める年貢もなくなってしまう。

島民たちは飢饉を生き延びるため、毒性の強いソテツの実を毒抜きして食べないといけないほどだった。島の郷土料理にはソテツの実から作る味噌「ナリミソ」、実の粉で作る粥「ナリガイ」などがある。

こういった食糧難が江戸期から戦後のアメリカ統治時代まで続いた。そんな時期には、時おり浜に打ち上げられるクジラやウミガメの死骸は貴重なタンパク源だったのだ。

現在、奄美群島の有人島は八つだが、これらの大きな島々を取り巻く無数の小さな無人島にも、戦前までは人が住んでいた。

マダガスカルの事件では子供たちが亡くなり、大人たちは生き残った。

しかし、当時の島民たちの過酷な生活での栄養状態なら、タイマイの毒で大人たちも命を落とした可能性はある。

お祖父さんの言った「島民が全滅した」というのは、本当にあった話なのかもしれない。

豆腐

「こちらが樹齢三千年といわれる紀元杉です」

屋久島に来たので屋久杉を見られるバスツアーに参加している。バスガイドさんが言うには、バスで行ける範囲で見ることができる一番大きな屋久杉がこの紀元杉だそうだ。

屋久島といえば屋久杉、と連想してしまうけれど、島に生えている杉がすべて屋久杉というわけではない。

屋久島は標高によって環境がまったく違うのだが、そのうち標高五〇〇メートル以上に生え、しかも樹齢が千年を超えるものだけを「屋久杉」と呼ぶ。それ以外は「小杉」らしい。

屋久杉の中でもっとも有名かつ最大級なのが縄文杉。縄文杉は種類ではなく、一つの木につけられた名前だ。

縄文杉を見るためには往復十時間ほどかけて徒歩で山を登らなければならない。別にしんどいのが嫌というわけではないのだが、今回はやめておいた。その分、他の屋久島の知られざる魅力を見つけるためだ。本当だ。

その代わり、仕事でお世話になっている山田さんから縄文杉を見にいった時の体験談は聞いている。

今から四十年ほど前、山田さんは家族で縄文杉を見に山を登るのだが、当時は道もあまり整備されておらず、木の枝にくくりつけてあるリボンを頼りに縄文杉を目指して歩いたという。

なんとか昼過ぎに縄文杉にたどり着き、今度は日が沈むまでに山を下りなければならない。

途中、山小屋で休憩したところ、トイレから戻ってきたお父さんの様子がおかしい。

魂を抜かれたみたいにボーッとしている。

「あと少しだからがんばろう」

なんて言いながら再び山を下りるのだが、そのタイミングで霧が出てきて目印のリボンが見えなくなり、いつの間にかガイドしてくれていた人ともはぐれてしまう。

するとお父さんが突然しゃべりだした。

「おれはここに泊まっていく。お前らは帰れ」

今にも遭難しそうなこの状況で妻と娘を先に帰らせようとするなんて明らかにどうかしてる。

山田さんは「動いちゃダメよ」と言って父と母をその場に残し、はぐれたガイドさんを探しにいく。

結局そのガイドさんが迎えにきてくれて助かるのだが、あの時のお父さんの言動はどう考えてもおかしかった。

屋久島の民話には「山姫」という妖怪が登場する。

山姫は深い山の奥にいて、遭遇するとこちらに向かってニコッと微笑むらしい。それを受けてこちらも笑顔で返してしまうと、山から下りられなくなるという妖怪だ。

山田さんのお父さんはトイレで山姫に会ってしまったんじゃないだろうか。

ところでなぜ屋久島は屋久杉が有名なのだろうか。

屋久杉がたくさん見られる屋久島自然休養林・ヤクスギランドの看板にこんなこと

が書かれていた。

「昔、屋久杉は神木としてあがめられ誰一人として伐る者はいませんでした。屋久出身の儒学者、泊如竹《とまりじょちく》は、眠れる森林資源の活用をはかるため、たくみに島民の迷信をとき、また、島津藩に献策を行いました。」

泊如竹って誰？「たくみに島民の迷信をとき」って何？

屋久杉と泊如竹、何やら深い関係がありそうだ。

屋久島の安房《あんぼう》地区を歩いていると「如竹通り」と書かれた標識に出くわした。そしてすぐそばには「如竹廟」と書かれた神社が。神社の中には「如竹翁碑」と書かれた石碑があり、近くの店に入るとメニューに「如竹焼き」と書いてある。

如竹如竹如竹如竹……。

これは何かのメッセージか？　とりあえず如竹焼きを注文した。

如竹焼きは小鍋の中にバラ肉、豆腐、白菜、しいたけ、しめじなどが入っていて、香ばしいスープの中にピリリと辛さがちょうどいい料理だ。お店のマスターに聞くと、東京の「からし焼き」を模したもので、泊如竹にちなんだ豆腐を入れることで地元感を出したという。つまり如竹焼きはここ「サンガンバーガー」でしか食べられないオリジナルメニューのようだ。

翌日、屋久杉のことをもっと知るために屋久杉自然館へ行く。ここは屋久杉のすべてを知ることができる博物館だ。

しかし昨日から如竹が頭から離れない。そして見つけてしまった、如竹の絵本を。パラパラとめくってみると、何やら木に斧をたくさん立て掛けてある絵が出てきた。

何をしているんだ、この人は？

これはまさに如竹が「たくみに島民の迷信をと」いたシーンだった。

江戸時代、屋久島でも幕府に年貢をおさめなければならなくなっていた。屋久島は花崗岩質の土地で作物は育たない。年貢になるようなものは杉しかないが、山自体に畏敬の念を抱いていた島民たちにとって山奥にある杉はすべて御神木であり、切ったら山の神の祟りがあると思っていた。しかし切らないと飢え死にしてしまう。どうしよう。

そこで如竹が登場する。

「わしが山の神に木を切っていいかどうか尋ねてくる」

如竹はそう言って山に入り、巨大な杉の木に斧を立て掛ける。そして七日後に再びその木を確認し、

「立てかけた斧が倒れているところは切ってはいけない、斧が立ったままになってい

る木は、神様が切ってもいいと言っている」と島民たちに伝えた。

以後、屋久島の人たちは神様の許しを得た木を安心して伐採できるようになり、年貢の問題も解決した。

如竹は屋久島で生まれ、幼い頃に安房の本佛寺に出家し、京都、大阪、伊勢、鹿児島、琉球と転々としながら最後にはまた屋久島に戻って生涯を終える。非常に頭が良く、儒学者でもあり、各地で如竹の知恵は役に立った。

そんな如竹の始まりでもあり終わりでもある場所・本佛寺に伺うと、現住職からさらに如竹の話を聞くことができた。

住職によると、斧を屋久杉に立て掛ける話にはちゃんと根拠があるようで、斧が倒れていたら切ってはいけない理由が「野生動物が近くにいるから環境を変えないため」であり、斧が倒れてなかったら切ってもいい理由は「動物の行き来がないので影響も少ない」という共存共栄の考えがあるようだ。

江戸時代に伐採された杉は島全体の五、六割にもなったといわれ、現在は屋久杉伐採は禁止されている。

しかし島民が貧しく、生きるか死ぬかの瀬戸際だった時代に、泊如竹は間違いなく島民のピンチを救ったヒーローだった。

如竹は生前、屋久杉伐採の他にも島民に知恵を分け与えていた。

如竹の生誕祭では豆腐一丁を平等に切り分けて、ひとかけらずつ手の甲にのせて食べる風習があり、「ひとつのものを平等に分けなさい」「一人で食べないでみんなで分かち合いなさい」という如竹の教えを体現している（現在も続いているかは不明）。

また、手のひらではなく手の甲にのせるというのも、手の甲の方が衛生的にマシであるという知恵だそうだ。

如竹焼きはこの豆腐から来ている。

如竹の命日である旧暦五月二十五日には如竹の墓の前で「如竹踊り」が奉納される。

この如竹踊り、かつては「ちこんちこん踊り」と呼ばれていた。

ちこんちこんが何を意味するのかはわからない。

シカ

屋久島ではいろんな人と出会った。

バス停で待っていると地元のお婆さんが夏みかんをくれた。

「皮は土の上に捨てたらいいから」

お婆さんは畑作業が遊びであると言っていた。

宿泊したペンションでは奥さんが地元の物知りお爺さんを紹介してくれた。

屋久島の南側に位置する尾《お》之《の》間《あいだ》集落に昔から住んでいる日高さん（屋久島には日高さんが多い）は「グランドゴルフが始まる前の時間ならいいよ」ということで、少し話を伺った。

屋久島では「岳《たけ》参り」という伝統行事があり、集落ごとに場所や作法は異なるが、尾之間の人たちは毎年十月に三人や五人といった奇数で山に登る。奇数である理由は日高さんもわからないそうだ。一行は奥岳の宮之浦岳まで登り、頂上付近にある祠にお参りする。山を下りると、尾之間自然休養村管理センターで待ち受ける集落の人たちに神様扱いを受け、拍手で迎えられる。そのあと尾之間温泉で身を清め、直会《なおらい》が始まる。

豊漁を願う「えびす祭り」は、尾之間ではもう三、四十年前に途絶えてしまっているが、当時は土俵を作って子供から大人まで女の人たちも一緒に相撲をとっていたという。

「棒踊り」は雨が降ろうが台風が来ようが、これだけは毎年必ずやっているそうだ。日高さんが青年団にいた昭和三十五、六年頃、踊る時に使う棒（本棒）を使う本人が山から切り出し、青年団の団長に「いかがですか？」と聞いてチェックをしてもらい、ちょっとでも曲がっていたら「ダメだ」と言われてまた山へ木を切りにいったという。棒を作るための木は決められていて、杉ではなくシブガキ（マメガキ）の木でなければいけない。それを祭りのひと月前に採って自分でカンナをかけてブラシをかけて棒を作る。作り方は青年団の先輩から代々受け継いでいく。

他の集落にも棒踊りはあるが、長さが違ったり踊りが違ったり、各集落によって違う。また踊りも笠踊りがあったり、如竹踊りがあったりさまざまだ。

尾之間の人たちはトビウオを獲りに漁には出るが、山に入って屋久杉を切ることはなかった。屋久杉が生えている場所は国有林なので勝手に切ってはいけないのだ。深い山へ入る時はシカを獲って食べる時ぐらいだったそうだ。

「また尾之間に来てくださいね」

そう言って日高さんはグランドゴルフへ旅立っていった。


安房では「ピュア」という店名のスナックに行った。

「お店で働いてた子はみんな県外から来たお客さんと結婚して島から出ていっちゃうの。常連さんからはよく『全然ピュアじゃない』って言われるわ」

そんなホステスさんは奈良県に住んでいた時期があるのだが、屋久島に戻ってきて普通にシカを食べていると
「奈良にいたのによくシカを食べられるね」

奈良県出身のお客さんにそう言われたそうだ。

屋久島ではシカを食べるが、奈良では基本、シカは食べない。中でも奈良公園のシカは神の使いとして大切に扱われている。

奈良のシカにまつわる話では、子供が文鎮を投げたらシカに当たって死んでしまい、

シカ殺しの罪で石子詰め（穴に落としてその上に石をのせ続けて殺す）の刑に処された「三作《さんさく》石《いし》子詰《こづめ》」の伝説が有名だ。

そういえばYさんという人が数年前、数億円の宝くじが当たったあと、奈良でシカに突き刺され、そのあとトラックにひかれ、ひいた運転手が自殺し、現在その家族に脅されている、という話を最近聞いた。奈良のシカが関係あるかはわからないが。

屋久島では僕もシカの肉を食べたが、臭みを取るためによく煮込まれているのか、やわらかくておいしかった。そして心なしか元気になった。

フランスの歴史家フィリップ・アリエスは、著書『死を前にした人間』の中で、十七世紀のドイツ人医師L・クリスチャン・フリードリッヒ・ガルマンが報告した一つの事例を紹介している。

「シカの勃起陰茎はヒステリー症患者によく効く。が、それはまた色情昂進の効力も持つ。これはヒステリー症と愛の狂熱との間には関係があることの証拠でもある」

シカの勃起陰茎にそんな効力があるなんて驚きである。

しかしどうやってシカを勃起状態にさせたんだろうか。それも不思議だ。

ガルマンは医者でありながら、十七世紀当時の医学では説明できない事象をそのまま報告することで、死体の持つ「生命力」の可能性を提唱した人物だ。

十七世紀に近代科学は誕生したが、当時はまだまだ解明されてないことが多く、当然、医者も根拠のない作り話や怪しい観察結果に惑わされた。

「死」は十七世紀の西洋人にとって不思議そのものだった。

ガルマンは死と眠りがよく似ていることや、ミイラが腐敗しない不思議、さらには死体から汗や血が流れ出る現象などから、

「死体はまだ死んでないのではないか、死体にはまだ生命力の残りかすが残ってるのではないか」

と考えるようになる。そしてその残りかすが生きている人間の肉体に影響を及ぼす事例を目の当たりにし、より確信を深めていく。

腹水炎の女性がまだ生温かい死体の手をお腹の上にのせ、そこをなでるように動かすと治ったという話から、「死体の手を触った手で患部をマッサージすると病気が治る可能性があるんじゃないか」と結びつけるのだが、これは死体の手は手に、足は足に、頭蓋骨は癇癪に効くという、死者と生者の同じ部分を合わせれば治るとされる、東洋の「以類補類」にも似ている考え方だ。

他にも、死体が非常に効能のある薬になることを報告している。

「死者の汗はいぼ痔に効く」（おお！）

「生前幸福だった配偶者と恋人たちの死体を焼いてとった灰から処方される催淫水薬」

「人間の頭蓋骨からとったエキスの水薬を四十二滴飲んだチャールズ二世」

「人間の脂肪で作ったろうそくを使うと隠された財宝を見つけられる」（なんで!?）

などなど。

シカも同じ要領で、シカの勃起残滓が人間に影響を与えているという理屈だろう。

さらにその影響力は土にまで及ぶと言っている。墓の土も人間と動物への治癒力に富んでいると。

骨を入れた土壌は非常に肥沃なので、近くに死体があると植物の生育が促進されもする。良い土とされるところには必ずミミズなどの土壌動物の他に微生物などたくさんの生き物がいる。土中の生物たちがエサとしているのが、落ち葉や動物の糞、そして生物の死骸である。それらをエサとして分解・吸収・排泄することで、植物が必要な栄養素を土から吸収しやすい形態にするのだ。

そしてガルマンは言う。

「死者の土地は死そのものと同様、生命の源泉である。それは美味なる食物である」

タニシ

芸術家であり美食家である北大路魯山人《きたおおじろさんじん》は、タニシを好んで食べていた。七歳の頃、腸炎を患い医者にも見離されていた魯山人は「タニシを食いたい」と駄々をこねた。消化に悪いタニシを食べさせるのはどうだろうと困った家族に「どうせ数刻の後にはない命、死に臨んだ子供が望むことだから食べさせてはどうか」と医者が勧め、魯山人はタニシを食べた。すると不思議なことに元気が出て、魯山人は命を取り止めた。

七十六歳で亡くなった魯山人の死因は、肝吸虫《かんきゅうちゅう》という寄生虫が体内に入り込んだことによる肝硬変だった。それは生煮えのタニシをよく食べていたために、タニシに寄生した肝吸虫が原因だったのではないかと一部では言われている。

しかし肝吸虫の宿主となるマメタニシは食用ではないので、コイなどの淡水魚から感染したんじゃないかという推測もある。

どちらにせよ、タニシで生きながらえ、タニシで死んだ（かもしれない）魯山人。

それほどまでに魯山人を虜にしたタニシとはいったいどんな食べ物なのか。

そして僕の芸名は松原タニシ。本名の高志を一文字変えただけのものだが、この名前になって二十年が経つ。

タニシがタニシを食べるとどうなるか。

僕はタニシを食べていた地域を調べた。すると、逆にタニシを食べてはいけない地域が見つかった。

秋田県湯沢町の土沢神社。ここに「たにし観音」がある。この観音像は安土桃山時代に最上氏の侵攻によって焼かれるのだが、不思議なことに数万とも知れぬタニシがびっしり張りついて無傷だったという。それ以来、村人は観音像を「たにし観音」として信仰し、タニシを食べることをかたく禁じた。

僕はたにし観音に会いに行った。田畑の真ん中にある古い神社。中に入ると四メートルを超す大きな木造の観音像が。これがたにし観音か。

そういえば仏像の髪の毛である螺髪《らほつ》はタニシによく似ている。螺髪の「螺」は田螺《たにし》の「螺」でもある。タニシが仏像にびっしり張り付いた、というのは、全身が螺髪におおわれているような、そんな状態だったのだろうか。

神社の前を散歩する地元のお爺さんに声をかけてみた。

「地元のみなさんは、たにし観音さんをよくお参りされるんですか？」

「毎日おれはやってるよ」

「じゃあ、タニシを食べないっていうのは」

「うん、ダメ」

やっぱり食べないようだ。

お爺さんからは月に一回、たにし観音の前で飲み会をやっているという話を聞いた。それはなんか楽しそうだ。

「タニシを食べない」ということは、タニシを食べるのが周辺では当たり前だったということだと思い、たにし観音から少し離れた横手市の道の駅で凍《し》み餅（凍結・乾燥させた餅。干し餅ともいう）を売っているお姉さんに聞いてみた。

「タニシって食べますか？」

「食べたことあります。ちっさい時に」

「え、ほんとですか？」

「普通に家の近所にいたので、学校から帰ってきたらタニシとったりドジョウとったりして」
「どうやって食べるんですか？」
「砂出しして食べてましたね」
「今は食べないんですか？」
「今は区画整理して側溝がきれいにされちゃったんで、昔みたいに水路にいなくなっちゃったのよ」

夜、地元の名物がたくさんありそうな居酒屋に入ってみた。ドジョウの柳川風はあったが、タニシはメニューにはなかった。

簡単にはタニシと出会えない。これはある意味、自分探しの旅かもしれない。

タニシについてヒントを探しに、今度は秋田県立博物館に行った。話を聞いてくれた学芸員さんは秋田の民話に関するデータベースを教えてくれて、そこで「田螺息子」という昔話を見つけた。

「田螺息子」は秋田県の大仙市や美郷町に伝わる、こんな話だ。

戸の入り口で声がするので出てみると田螺がいた。田螺は三人娘のうちの一人を嫁に欲しいという。そこで三番目の娘が嫁にいくことになった。正月に田螺の夫婦が里帰りした時、夜中に小便をするため床から出た田螺の姿を見ると立派な男だった。田螺の殻がなくなれば立派な男になることがわかり、娘の親たちは殻を床の中で壊した。朝起きて見てみると、立派な花嫁と花婿が床に寝ていた。

調べると「たにし長者」や「つぶ息子」などの似た話が秋田だけでなく、全国にもたくさんあることがわかった。タニシは民話の中でまあまあ人気者である。

田螺息子が伝わる大仙市だが、タニシの味噌煮が食べられる料亭があるという。さっそく問い合わせてみると、いつでも必ず出せるわけではないということだった。タニシは現在なかなかとることができず、市場には出回っていない。タニシをとってくる専門の人がいて、その人がとれた時だけ入荷できるみたいだ。

タニシをとる専門の人っていったい……。

しかしタニシはあきらめない。

大阪・新世界にタニシが食べられる大衆居酒屋があるのをネットで見つけた。画像には店内のホワイトボードに「たにし二六〇円」と書かれてある。これは間違いない。行ってみる。

店に入ってホワイトボードを見ると、「たにし」の文字がない。壁に貼られたたくさんのメニューの札にも「たにし」はない。店員さんに聞いてみると、コロナ禍になってからはもうメニューから消えたそうだ。大阪では取り扱う業者がおらず、手に入らない。昔は周りにもタニシの煮付けを出している店があったそうだが、今はどこもやっていないとのこと。

だめだ、タニシに全然たどり着けない。タニシがタニシを求めれば求めるほど、タニシがタニシから遠のいていく。まるで悟りをひらけない修行僧のように。自分というものがもっとも近くてもっとも遠い存在なのか。

最後の望みとして訪れたのが、東京・高田馬場にあるタニシ麺専門店だ。

タニシ麺専門店とはずいぶん攻めた店だなと思ったが、実はタニシ麺は今、中国でまさかの大ブームのようである。

タニシ麺は正式には「螺螄粉（ルオスーフェン）」といい、広西チワン族自治区柳州市で生まれた街角グルメである。コロナ禍の中で外出できない時期に螺螄粉の袋麺が独特の香りとクセのある味で評判になり、またたく間に広がったそうだ。

二〇二一年にオープンした、まだ新しめの店は雑居ビルの四階にあった。店に入ると壁が斜めで屋根裏部屋みたいな造りだが、店内はきれいで、ラーメン屋（麺はビーフンだが）とは思えない。行ったことはないが、ネイルサロンのような空間だ。

ただ、店内は独特の酸っぱい香りが充満している。嗅いだことあるようなないような、でもどこかであるぞ、このにおい。

今度こそはタニシと会えるのか。本当はタニシは入ってないとかにならないだろうか。徐々に緊張してきた。

店員の若い中国人男性にタニシ麺を注文する。待つこと五分。出てきた。

四角い器に、見たことない盛りつけの汁料理が出てきた。

ラー油が浮かぶ赤いスープにタケノコ、小松菜、揚げ湯葉、キクラゲなどが並び、お揚げさんの上に謎の黒いペースト状の塊がのっている。この黒いのがタニシか？店員に聞いてみると、どうやら唐辛子を焦がしたもののようだ。

じゃあタニシはどこにいる？

スプーンをスープに浸してみると……いた。ピーナッツや米粉の麺と共に、赤い池に潜む黒い物体。タニシだ。やっと出会えたな。

では、実食といこう。

まずはスープ。うん、一見辛そうに見えるが、酸味があって飲みやすい。黒い唐辛子も香ばしさのアクセントになり、そんなに辛くない。具はピーナッツの食感が新しく、麺も米粉のビーフンなのでツルツルしてうまい。螺螄粉、案外イケるではないか。

さぁ、いよいよタニシの番だ。

タニシを口に入れる。

うん。コリコリでありフニャフニャであり、弾力があって悪くない。噛めば噛むほど旨味が出る。

今、僕はタニシを食べている。

タニシがタニシを食べている。

コリコリとした、フニャフニャとした食感。

「田螺の殻がなくなれば立派な男になる」

田螺息子を思い出した。これが立派な男の食感か。

北大路魯山人が愛したタニシは水底の沈殿物や死骸を食べる（デトリタス食）淡水生巻貝。

僕はタニシを食すことで、自分自身を取り込んだ感覚になった。自分という理解できない異物を体の中に吸収する。

今、タニシとタニシはひとつになったのだ。

だし巻き

北川さんのお母さんは近所にあるうどん屋のだし巻き弁当が大好きで、よく出前をとっていた。

「自分が死ぬ時は、最後にここのだし巻き弁当を食べたいわ」

だし巻き弁当を食べるたびにそんな言葉を口にしていた。

定年退職して一年後、お母さんは突然倒れて病院で亡くなった。心筋梗塞だった。

北川さんは病院で母の最後を見届けたあと、家に戻ると近所のうどん屋のだし巻き弁当の食器が重ねられていた。

「ああ、お母さん、最後にだし巻き弁当食べたんだな」

と、北川さんは思った。

こんにゃく

省三さんは今年で七十一歳になる。

数年前、同級生がステーキを喉に詰まらせて亡くなった。

突然の訃報に悲しんだが、それでも最後に食べたのがステーキでよかったねと、納得した。

ある日、省三さんは家で一人で玉こんにゃくを食べていた。よく噛まなかったからか、こんにゃくが喉に詰まった。飲み込もうにも飲み込めない、吐き出そうにも吐き出せない。息もできずに意識が朦朧としかけた時、

「あいつはステーキで死んだけど、自分は玉こんにゃくで死ぬのか」

と頭によぎった。

これでは死ねない、こんにゃくで死んでたまるかと、必死で吐き出し、助かった。

カツ丼

今から二十年前、かみじょうたけしさんのお祖母さんは九十四歳で亡くなった。

晩年は人工透析をしながらの入院生活だった。

大好きなビールもお酒も飲めず、水分制限もあったために氷をなめていたが、顔を洗うふりをしてよく洗面所の水を飲んでいた。その姿を見てかみじょうさんは
「昭和の高校球児みたいやなぁ」

と言いながらも、おばあちゃんかわいそうだなぁと思っていた。

かみじょうさんは高校二年までお祖母さんと住んでいた。毎日お寺へお参りにいくお祖母さんにたまについていくと、お菓子を買ってくれた。


お祖母さんは疎開先の広島で被爆している。

八月五日の夜まで、のちに原爆ドームになった産業奨励館のすぐ近くの旅館に泊まっていたが、息子が疎開先の家に帰りたいと駄々をこねるので、旅館の女将が用意した料理を風呂敷に詰めてくれて、それを持って山側にある家に帰った。

翌朝、原爆が落とされた。お祖母さんはそれを山から見ていた。それが何なのかわからず、広島市内に戻って昨夜いた旅館を訪れ、その時に被爆した。

お祖父さんは戦争で亡くなった。

阪神大震災の時、かみじょうさんの家は一階がぺしゃんこに潰れた。家族はみんな二階で寝ていたので助かったが、お祖母さんは一階で寝ている。

かみじょうさんのお父さんは町議会議員なので市民を助けなければいけない。かみじょうさんはお父さんに言われてお祖母さんを助けにいく。

崩れた一階からお祖母さんの足が見えた。

大きな仏壇が倒れたおかげで、仏壇の下の段々になっているところと畳の間に三角の空間ができ、お祖母さんはつぶされずに助かった。

「お祖父さんが助けてくれたんやわ」

お祖母さんは言った。その仏壇はお祖父さんの仏壇だ。

原爆と震災を間一髪で、お祖母さんは生き抜いた。


ある日、病院の先生が家族に告げた。

「もう時間の問題やから、好きにさせてあげていいよ」

家族がお祖母さんに「何か食べたいものある？」と聞くと、お祖母さんは答えた。

「カツ丼食べたい」

九十四歳で人工透析をしているお祖母さんがカツ丼を食べるのはさすがに無理だろうと思ったが、お祖母さんは用意されたカツ丼をペロリとたいらげた。

かみじょうさんはあまりにも食欲旺盛な祖母の姿を見て笑った。

「うそやろ！　すごいな、ばあちゃん！」


その三日後にお祖母さんは亡くなった。

お通夜の夜、かみじょうさんは一人になったすきに棺桶を開け、お祖母さんの顔に酒を塗りたくった。

ライスバーガー

石保さんは中学一年生で引きこもりになった。

食べることとインターネットが楽しみで、育ての親であるお祖母さんが亡くなったあとはその遺産で食いつなぎながら、四十歳を越える頃には重度の糖尿病で失明寸前になっていた。

「このままだと十年後の生存率は五〇％です」

医者にそう宣言された石保さんは入院し、糖尿病が悪化した影響でボコボコと穴があいた足の指を切断した。

長く苦しい入院生活の中、いつか退院してまた一人暮らしをすることが彼の希望となっていった。

入院して六年目の春、彼は退院し、一人暮らしを再開した。

彼の数少ない友人の一人が引っ越しを手伝い、石保さんは出前のピザをおごった。

それから二週間後、新居のトイレで倒れているところを、二日に一度訪問するデイケアの介護士に発見され、死亡が確認された。

彼が亡くなったあとの部屋は友人が片付けた。

まだ生活感もさほど感じないきれいな部屋には新品の大きな液晶テレビがあり、机には新品のアイフォンが置かれ、その周りにライスバーガーの包み紙が散乱していた。

電子レンジの中にはまだ食べていないライスバーガーが、紙に包まれた状態で皿の上にのっていた。

シリアル

僕の同級生だったＹくんはアニメ制作会社で働いている。Ｙくんと話していて、二十代の社員たちが食べているシリアルの話題になった。

「シリアルだけ食べていたら生きていけるんで」

少なくとも社内の四人はそう言っている。

なぜ彼らがシリアルしか食べないのかというと、何を食べればいいかわからなくなっているからではないかとＹくんは考える。

世の中には有象無象の情報が溢れていて、同じ食べ物でも体に良いといわれたり悪いといわれたり、結局どの説を信じたらいいのかわからないことが多い。だから彼らはついつい悪い方にばかり目がいってしまうのではないか。

たとえば

無農薬＝虫が潜んでいるかも
農薬＝体に害のある成分が入ってるのでは
化学調味料＝人工的だから何があるかわからない

など、食べ物ができあがる過程にわからない部分が多いほど、不安はより大きくなっていき、食べることを避けたくなる。

つまり消費者に何かしらの不安要素を与えれば、どんな食べ物だって怖い食べ物になってしまうのだ。

情報過多で、何を食べたらいいのかわからない。嫌なことからはできるだけ逃げたい。だから彼らは「それだけあれば生きていける」と信じ込んだ「シリアル」という食べ物ばかりを食べているんじゃないかと。

そしてそんな彼らを見て、Ｙくんは推測する。

「やがて、『食べなくていい時代』が来るかもよ」

不安というものは人間にとってとてもやっかいである。なぜなら不安は煽られれば煽られるほど、それを第三者と共有することで不安を分散しようとしてしまうから。

「不安なのは自分だけじゃない。みんな一緒だから」と、自分が得た情報をどんどん周りにばらまいて、少しでも安心を得ようとする。その心理を巧みに利用することで、サプリメントがよく売れているのではないかとYくんは感じている。

誰かが流した怖い食べ物の情報により、「不安を持ってまで食べる必要ないよね」という連鎖が起きる。そもそも何のために食べるのか？　食べる目的は肉体の維持だ。ならば「肉体の維持はこれだけあればOK！」そんなサプリメントが出たら、それ以外は食べる目的がなくなる。

さらにはITの進化によって、「肉体自体がそもそもいらなくね？」となり、食べなくてもよい時代がやってくる。

「これからは『食べる＝生きる』がくつがえるよ」

Yくんはそう言った。恐ろしいことを言う男だ。


僕はそんなYくんの話を聞いて、はたして本当に「食べる」ことが肉体の維持のためだけにあるのかを考えた。

人生の最後に何を食べたいか考えた人たちには、肉体の維持のためだけではない欲求があるはずだ。死ぬことをわかっていながら食べたいものが自分の中にあるということは、どんな自分で最後を迎えたいかでもあるのだと思う。食べることは生きるためだけにあるわけではない。いや、それが生きるということか。

「死ぬまでに自分を食べてみたい」と言い出したムツゴロウさんは、自分の肉がどんな味なのか知りたかった。

「腕が落ちたり、足がもげたりしたら絶対捨てるなよ、おれはそいつを食べちまうから」

それに対して奥さんが言う。

「あなた今、身を削って食べてるじゃありませんか」

売文業は自分の肉を食べているようなものだと、ムツゴロウさんは気づくのである。

食べたい欲求は、自分の中にそれを取り込みたいということ。

その結果、ムツゴロウさんは知られざる自分との出会いを得る。

食べることは自分を知ることでもあるのだ、きっと。

米

「米を粗末にすると目が見えなくなるよ」

融通念仏宗の僧侶・関本和弘さんは昔、お祖父さんお祖母さんによく言われたそうだ。

関本さんの檀家回りは、若い僧侶が同行する。

ある時、檀家のお宅を訪問する後輩の第一声が「おはようございます」「こんにちは」であることに、ふと違和感を覚えた。

普段よく使うあいさつだが、何か違うような気がする。

自分が僧侶になったばかりの二十年前、自分を指導してくれた大先輩は何て言っていただろう……？

あ――、「ごめんください」だ。

しかしこのあいさつ、どうして謝っているんだろうか？　関本さんは考えた。

他人のお宅に突然訪問するのが檀家回りだ。その時、家の人は中で何をしているかわからない。何か用事をしているかもしれないし、気持ちよく自分の時間を過ごしているかもしれない。そんな中こちらへ出てきていただく、そこを配慮した言葉が「ごめんください」なのではないだろうか。

二十年の間でよそのお宅を訪問する時のあいさつが「ごめんください」から「おはようございます」「こんにちは」に変わってしまった。それが当たり前になってしまっている。わずか二十年で相手への心遣い、見えないものへの配慮が希薄になってきたのかもしれない。一日一日だとわからないが十年二十年経つと変化がわかる。

「米を粗末にすると目が見えなくなるよ」

お祖父さんお祖母さんに言われたこの言葉も、今ならわかるかもしれない。

ご飯を食べる時、その米がここに来るまでにどういう人の手を渡ってきたか、粗末にすると見えなくなる。何も感じなくなる。フランス文学者・堀内大學の言葉「深海魚光に遠く住むものはつひにまなこも失ふとあり」のように、自分たちもずっと同じ環境にいるともしかして見なければいけないものが見えなくなってしまうのではないか、そうならないためにも、一日一日を振り返ることが大事である。後輩を指導する立場になって、改めて自分にも気づきがありましたと、関本さんは語る。

二〇二二年の大晦日、僕は関本さんが副住職を務める大阪・寝屋川の大念寺へ除夜の鐘をつきに行った。少し早めに着いたので僕が先頭になった。

住職がまず最初に十回鐘をつき、その次が自分の番になる。入れ替わりで住職に

「何回ついたらいいんですか？」

と聞くと

「人も少ないんで三回くらいついてください」

そう言われたので三回ついた。すると鐘をついている間にわらわらと近所の人が集まってきて、いつの間にか長蛇の列ができていた。

鐘楼から下りると檀家のおじさんに

「君、三回もついたらあかんよ。みんなに順番回らへんやん」

と少しお叱りを受けた。

確かに、見えない（見えていない）ものへの配慮が足りてなかったかもしれない。

でも、住職に三回ついていいよって言われたんだけどな……。

カイワレ

十六軒目の事故物件で回収した土はタッパーに入れて普段生活をしている十五軒目の事故物件に置いている。

さてこの土、どうしたものか。

回収したはいいものの、とりあえず呪いの人形たちの棲み家になっているキャットタワーの一角に置くしかなく、しばらく同居人たちと共同生活を送ってもらっていた。

ある冬の日、ふと思い立った。

この土で作物を育てたら、それには亡くなった彼の一部が含まれるのだろうか？

そしてその作物を食べたら、彼は僕の中に取り込まれることになるのだろうか？

これはもしかすると輪廻転生的なことになるのかもしれない。

やってみよう。

まずはこの土が何なのか、作物を育てることができる土なのかどうかを調べるため、土壌分析してくれる施設に土を送ることにした。

約一ヶ月後、結果が届く。

分析結果のレーダーチャートを見ると、六角形の「可給態リン酸」という項目だけがピーンととんがっていて極端な形になっている。

分析結果の所見にも

「可給態リン酸が非常に過剰」

と書かれており、他にも

「電気伝導率（ＥＣ）が非常に高い」

「アンモニア態窒素が非常に多い」

などの指摘があった。

リン酸の過剰が「リンが人魂の正体である」説につながったり、電気伝導率の高さが電気を通して起きる霊障と関係あるのではないかなど、いろいろと連想してしまう。

結果内容からいうと、要するにこの土だけだと作物を育てる土としてはバランスがおかしいですよ、ということのようだった。

ならば肥料として活用するのはどうだろう。

ホームセンターで培養土を買い、例の土を混ぜる。

同じ土でも色は全然違って、培養土は黒に近い茶色だが、例の土は少し黄土色に近い茶色だ。そして例の土の方が明らかに、においがキツい。

数ヶ月ぶりに開けたタッパーから漏れでる土のにおいは、すえたような、でも甘いような、独特なにおい。なのにどこか懐かしい。

おそらく誰もが知っているにおいではないかと思わせる何かがあるにおい。僕が知ってる中で一番近いのは寺納豆（納豆菌ではなく麹菌を入れ、塩水に浸けて発酵させた乾燥納豆）の香りだろうか。

さっそく何かを植えたいところだが、残念ながら季節は冬。まずは試しに園芸初心者でも比較的簡単に育てられるチューリップを植えてみることにした。

一ヶ月経つと土の表面が白カビだらけになり、大丈夫かこれ？　と思ったが、二ヶ月後に無事に芽を出し、三ヶ月後にはもう花が咲くぐらいの高さまで育ち、いよいよ花が咲くんじゃないかと期待した四月初旬に、秋田へタニシを探しに旅に出ていたら、戻った時には花は散っていた。切ない。

長いこと家を空けてしまうと、肝心な時に立ち会えないことがあるので植物を育てるのは難しい。やはり毎日世話をできる環境でないといけないのか。

僕は仕事の都合上、家を空けることが多いため自宅の事故物件では作物を育てるのが不可能かもしれない。僕は編集さんに無理を言って二見書房の屋上で育ててもらうようお願いした。

人に頼むからにはできるだけ短い期間で収穫できる作物でなければならない。そうなると候補は限られる。僕は次の三つの野菜に絞った。

【ラディッシュ（二十日大根）】

種を植えてから二十日ほど（実際はもう少し長い）で収穫できる赤くて小さな大根。「死者の日」で有名なメキシコのオアハカでは、クリスマス前にラディッシュを使ったアート作品が街を埋め尽くす「大根祭り」がある。

【カイワレ】

早くて一週間、長くても二週間で収穫できる、もっとも早く簡単に収穫できる野菜。湿らせた脱脂綿などによる水耕栽培で育てることが多いが、今回は培養土と例の土を混ぜた土で栽培する。

【シソ】

収穫までには約三ヶ月かかってしまうが、シソは名前の由来が興味深い。その昔、蟹を食べて食中毒で死にかけた若者にシソの葉を煎じて飲ませると回復したことから、紫の蘇る草で「紫蘇」と名付けられたという。

さらにカイワレのみ、もう一つ小さな植木鉢（ペットボトルの底）を用意し、例の土のみで育ててみる。こちらは【超カイワレ】と札に書いた。

例の土で作物は無事育つのか。

全部収穫できたらサラダにして食べようと思っている。

種を植えて四日後。カイワレから芽が出た。

一週間後。ラディッシュからも芽が出た。

十日後。この日は僕の四十一歳の誕生日だった。シソと超カイワレからはまだ芽が出ない。その代わり、すべての植木鉢から黒くて小さな羽虫が生まれていた。彼らは僕と同じ誕生日になる。例の土の中に卵が混ざっていて、それが孵化したのかも。

ハッピーバースデーマイベイビー。

二週間後。進展がない。シソと超カイワレはまだ芽が出ないし、カイワレとラディッシュも発芽してから成長しない。なぜだろう。この数日気温が低かったからか。それとも種を深く植えすぎたか。改めてもう一度それぞれの鉢に種をまく。

新たに種をまいて四日後。ウニョウニョとカイワレが勢いよく生えてきた。

毎日水やりをしてくれている編集さんが言うには、今回は水やりの時以外はずっと段ボール箱をかぶせたまま放置していたらしく、それがよかったのかもしれないです、とのことだ。カイワレは芽が出て数センチ伸びるまでは暗闇の状態にしておく必要があるそうだが、最初に植えた種はちょくちょくチェックのため段ボールを開けていたので、日光を当てすぎてしまったのかもしれない。

逆にシソは発芽に光が必要らしいし、ラディッシュは光は苦手らしいけど、完全な暗闇が好きというわけでもないみたい？　なので、実際のところは何が原因かわからない。しかし、そんなわずかなことで芽が出たり出なかったりするなんて、植物の生き方には人間の常識なんかではまったく理解できない部分がある。

新たに種をまいて一週間後。結局ラディッシュとシソと超カイワレは何も変化がなかったけれど、カイワレだけが爆発的に成長した。そのカイワレを収穫する。

さあ準備が整った。なんだこの緊張感。

このカイワレは何なのか。このカイワレを食べるとは何なのか。

食べるとは何なのか。このカイワレは怖い食べ物なのか。

いただきます。

〝シャキシャキシャキ〟

辛い。カイワレってこんなに辛かったっけ。主張がすごい。カイワレの主張がすごい。このカイワレ、生きている。

〝シャキシャキシャキ〟

カイワレを食べる人間。カイワレを食べる人間のタニシ。

人間の土で育ったカイワレを食べる人間のタニシ。

死体となって食べられた人間の土で育ったカイワレを食べる人間は、死体を食べるタニシを食べたタニシである。

〝シャキシャキシャキ〟

そうか、そういうことか。

死体となって食べられた人間の土で育ったカイワレが、死体を食べるタニシを食べた人間のタニシに食べられてタニシになる。

今、食べているものは、人であり、カイワレであり、自分なんだ。

〝シャキシャキシャキ〟

僕と同い年の彼は三十八年間いろんなものを食べたあと、虫に食われ、糞になって、バクテリアに食われ、分解され、カイワレに吸収され、タニシに食われる。

僕はカイワレが彼であったことを知った上で、受け入れる。

僕は彼のことをどんな人間だったのか詳しくは知らないけれど、彼が生きている間に取り込んできたもの、その続きを自分が今、取り込んでいる。

そして今、生きている自分もまた、別の生き物に取り込まれて続いていくんだということを実感した。

〝シャキシャキシャキシャキ〟

食べ物は、異物であり、自分である。その異物を取り込んだ時、異物は自分の一部となる。

「食べる」「食べない」の理由は人それぞれだ。

おいしいものを食べるのが好きな人。好きな人と食べるのが好きな人。食べることに関心がないから食べない人。食べることよりも他に楽しみがある人。

食べることをわざわざ意識している人の方が少ないのかもしれない。

しかし意識しようがしまいが、無意識のうちに摂取しているもの、何も考えずに食べているものはたくさんある。

恐怖は意識した瞬間に訪れる。

今まで知らなかったこと、知る必要のなかったことを知ってしまうと、もとには戻れなくなってしまう。

事故物件もそうだ。今まで何も考えずに生活していた空間が、知らなくてもいい事実を知ってしまうことで怖くなる。知らなければ怖くなかったのに。

だけど僕は、知った上で住みたい。自分の意志で恐怖を乗り越える時、恐怖を受け入れたことになる。昇華は消化、食べ物と同じだ。

だからできるだけ、自分の意志で食べたり食べなかったりを選びたい。

自分の意志で異物を受け入れ、新しい自分と出会い続けたいと思うのである。

そして、今夜も寝食べが止まらない。

松原タニシ（まつばら・たにし）

1982年4月28日生まれ。兵庫県神戸市出身。

松竹芸能所属のピン芸人。

現在は「事故物件住みます芸人」として活動。2012年よりテレビ番組「北野誠のおまえら行くな。」（エンタメ～テレ）の企画により大阪で事故物件に住みはじめ、これまでに大阪、千葉、東京、沖縄、香川など17軒の事故物件に住む。

事故物件で起きる不思議な話を中心に怪談イベントや怪談企画の番組など多数出演する。


ラジオ関西「松原タニシの生きる」、MBSラジオ「松原タニシの恐味津々」、CBCラジオ「北野誠のズバリ」などレギュラー出演中。


著書に『事故物件怪談 恐い間取り』『異界探訪記 恐い旅』『事故物件怪談 恐い間取り2』『死る旅』『事故物件怪談 恐い間取り3』（以上、二見書房）、コミックの企画・原案に『ゼロからはじめる事故物件生活』（漫画：奥香織／小学館）、『ボクんち事故物件』（漫画：宮本ぐみ／竹書房）がある。

2020年8月には著書『事故物件怪談 恐い間取り』を原作とした映画『事故物件 恐い間取り』（配給 松竹）が公開。

協力　藤田浩子、 比護大介（松竹芸能株式会社）
イラスト　佐伯翼
撮影（著者近影）　SUSIE
ブックデザイン　平塚兼右（PiDEZA Inc.）

恐《こわ》い食《た》べ物《もの》

2023年7月25日　初版発行

著者　松原《まつばら》タニシ
発行所　株式会社二見書房
東京都千代田区神田三崎町2-18-11
電話　03（3515）2311［営業］
03（3515）2313［編集］
振替　00170-4-2639
印刷　株式会社 堀内印刷所
製本　株式会社 村上製本所

落丁・乱丁本はお取り替えいたします。

定価は、カバーに表示してあります。

ISBN978-4-576-23080-1
https://www.futami.co.jp/